CADERNO DE APRENDIZAGEM

VOLUME 2

ENSINO FUNDAMENTAL

MATEMÁTICA

IBEP

1ª edição
São Paulo – 2023

Coleção Caderno de Aprendizagem
Matemática Volume 2

Diretor superintendente	Jorge Yunes
Diretora editorial	Célia Assis
Edição	Viviane Mendes e Mizue Jyo
Produção de conteúdo	Rebeca Helangela Albuquerque Mendes (gestora), Elias Coutinho Marques (coordenador) e Cíntia Maciel Batista Diógenes (autora)
Assistentes editoriais	Isabella Mouzinho e Stephanie Paparella
Revisoras	Yara Affonso e Erika Alonso
Edição de arte	Mizue Jyo
Secretaria editorial e processos	Elza Mizue Hata Fujihara
Projeto gráfico e capa	Aline Benitez
Diagramação	NPublic
Produção gráfica	Marcelo Ribeiro
Ilustrações	Ilustra Cartoon, Mariana Tiemi, Shutterstock
Ilustração de capa	Vanessa Alexandre

Dados Internacionais de Catalogação na Publicação (CIP) de acordo com ISBD

I12c IBEP - Instituto Brasileiro de Edições Pedagógicas

Caderno de Aprendizagem: Matemática / IBEP - Instituto Brasileiro de Edições Pedagógicas. - São Paulo : IBEP - Instituto Brasileiro de Edições Pedagógicas, 2023.
128 p. ; 20,5cm x 27,5cm. – (Caderno de Aprendizagem ; v.2)

Inclui índice.
ISBN: 978-65-5696-312-9 (Aluno)
ISBN: 978-65-5696-313-6 (Professor)

1. Educação. 2. Ensino fundamental. 3. Livro didático. 4. Matemática.
I. Título. II. Série.

2023-370 CDD 372.07
CDU 372.4

Elaborado por Vagner Rodolfo da Silva - CRB-8/9410
Índice para catálogo sistemático:
1. Educação – Ensino fundamental: Livro didático 372.07
2. Educação – Ensino fundamental: Livro didático 372.4

1ª edição – São Paulo – 2023

Impressão e acabamento - Leograf - Julho de 2025

Rua Gomes de Carvalho, 1306, 11º andar, Vila Olímpia
São Paulo – SP – 04547-005 - Brasil – Tel.: (11) 2799-7799
https://editoraibep.com.br | editoras@ibep-nacional.com.br

APRESENTAÇÃO

Prezado aluno,

Este material foi elaborado de maneira que você possa realizar diversas atividades de Matemática a fim de desenvolver ainda mais suas habilidades nessa disciplina durante todo o processo de aprendizagem.

O livro está organizado em sequências, e cada uma delas trata um assunto da Matemática, por exemplo: números, grandezas e medidas, Geometria, além de outros que vão ajudar você a compreender melhor as situações do dia a dia.

Ao final de cada sequência, nosso Diário de Bordo registra os conhecimentos que foram estudados em cada uma, permitindo a você que os retome, caso sinta necessidade.

Temos certeza de que o Caderno de Aprendizagem será um grande aliado em seu processo de desenvolvimento escolar.

Bons estudos!

Os editores.

SUMÁRIO

SEQUÊNCIA

1 LOCALIZAÇÃO

VAMOS COMEÇAR!

Observe a vista de cima da sala de aula de Sophia.

SHUTTERSTOCK/MARIANA TIEMI

a) Quem se senta à direita de Sophia?

b) Quem se senta à esquerda de Lara?

c) Lucas se senta à direita ou à esquerda de Miguel?

d) Que caminho Vitor precisa fazer para chegar até a carteira de Lucas?

VAMOS ENTENDER! !!!

1. Alguns colegas de Sophia combinaram de trocar de lugar na sala de aula. Leia as dicas e escreva o nome deles nos locais em que decidiram se sentar.

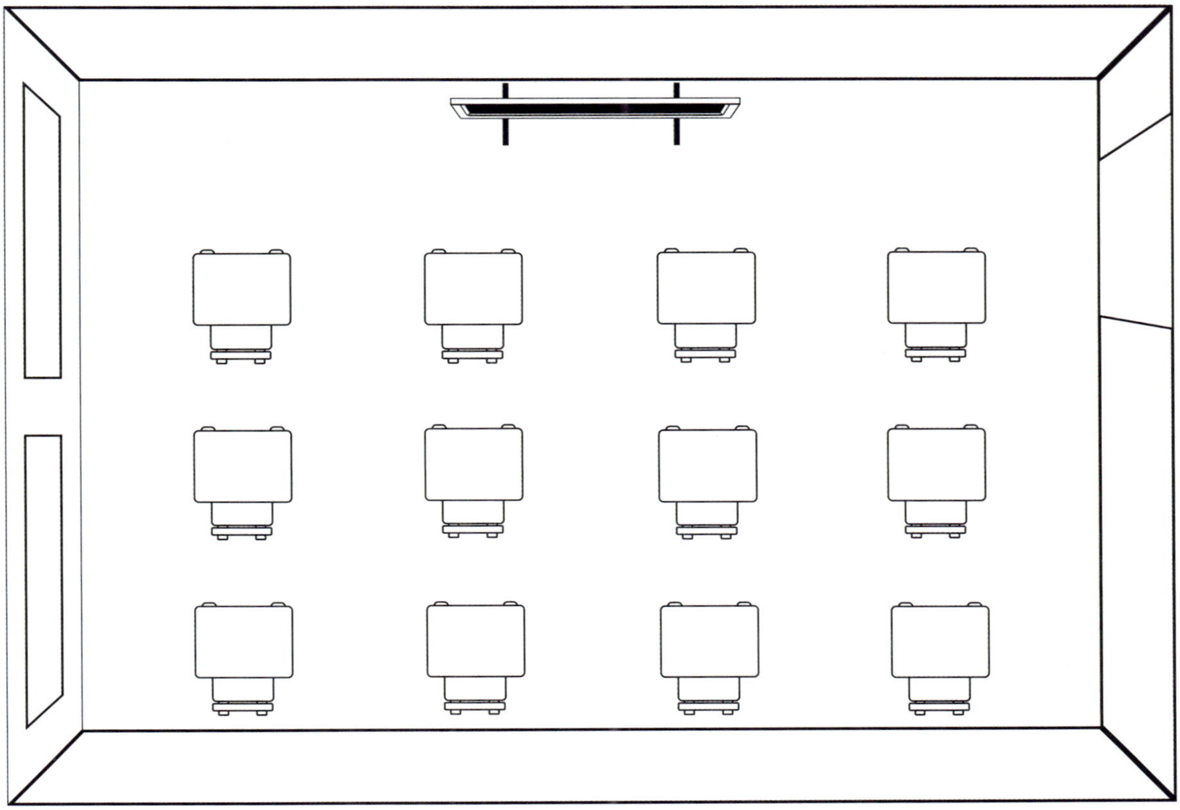

MARIANA TIEMI

DICAS:

Enzo, Lara, Miguel, Davi e Sara não mudaram de lugar.
Vitor sentou-se na primeira carteira, perto da porta.
Alice sentou-se na última carteira, na fileira do Vitor.
Clara sentou-se à frente de Sara.
Sophia sentou-se à esquerda de Miguel.
Luiza se sentou atrás de Davi.

2. Desenhe a vista de cima de sua sala de aula. Não se esqueça de indicar a posição da porta, do quadro de giz, das janelas e onde se localiza sua carteira.

3. Gabriel recortou, de um jornal, o desenho de um miniapartamento. Observe.

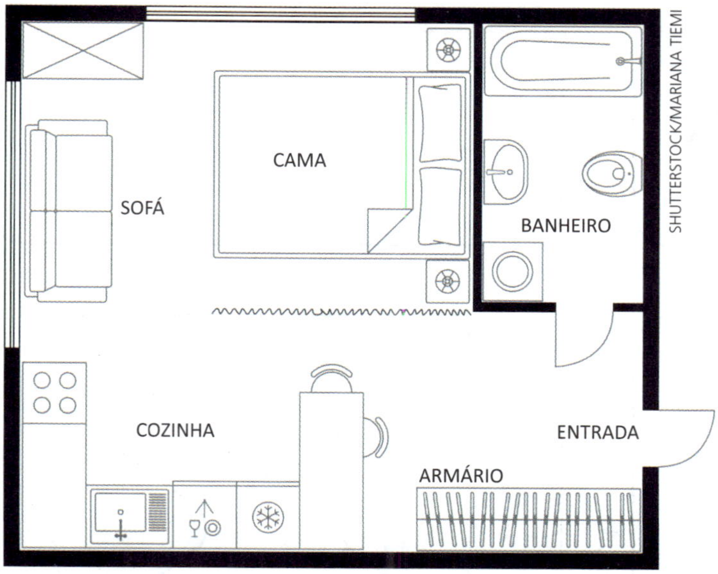

a) Ao entrar no apartamento, o que está do seu lado direito?

____

E do lado esquerdo? ______________________________

O que fica à sua frente? ___________________________

b) O que fica em frente ao sofá? _______________________

- Agora, desenhe a vista de cima de seu quarto. Não se esqueça de indicar a posição da cama, da janela e da porta.

Desenhos feitos a partir da vista de cima de um ambiente recebem o nome de **planta baixa**.

4. Em uma mesma saída dos correios, um carteiro precisa entregar algumas cartas em 3 casas.

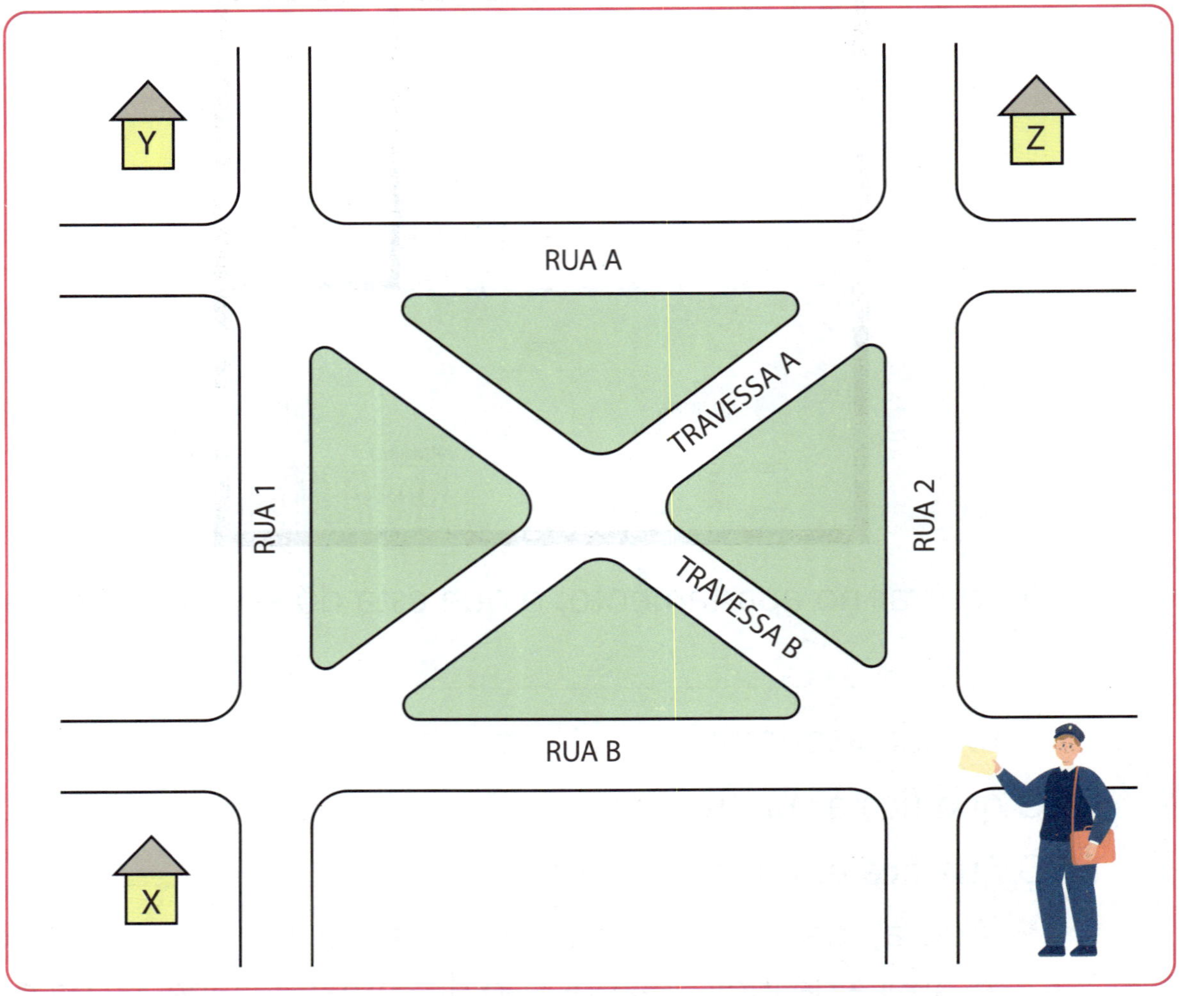

a) Desenhe um trajeto que o carteiro possa seguir, a partir da posição em que está, para entregar as correspondências nas casas X, Y e Z, não nessa ordem.

b) Explique, com suas palavras, o trajeto que você escolheu para o carteiro. Use expressões como "vire à direita" e "vire à esquerda".

____

____

____

____

5. A imagem a seguir representa o bairro em que Alice mora.

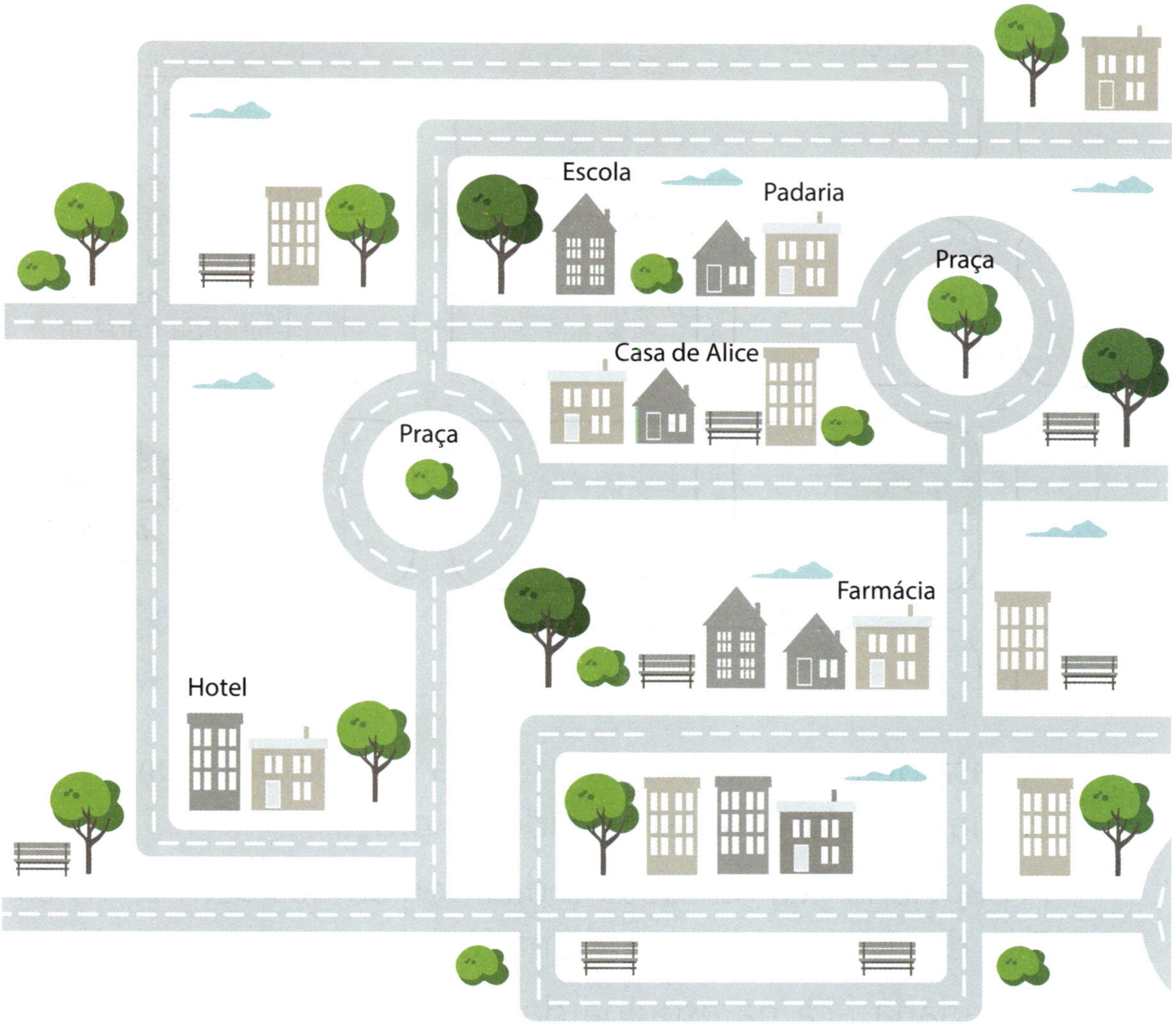

a) A casa de Alice fica perto do hotel ou da praça?

____

b) A escola fica perto da padaria ou da farmácia?

____

c) Para ir de sua casa até a escola, Alice precisa passar pela farmácia?

____

d) Trace, sobre a imagem, um caminho que vai da casa de Alice até a escola. Esse caminho não deve passar pela padaria.

____

6. Davi começou a fazer um desenho para explicar a seus colegas onde fica sua casa. Leia as informações e complete o desenho dele.

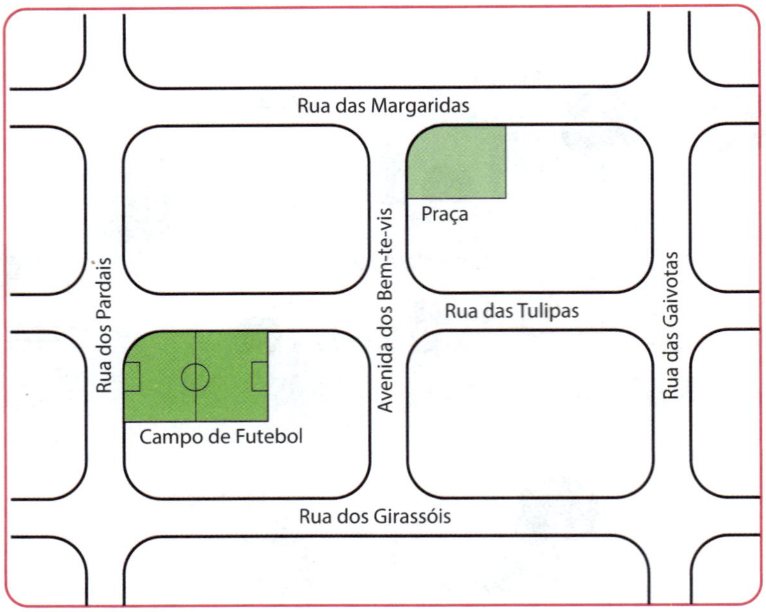

MARIANA TIEMI

SHUTTERSTOCK

- A casa de Mariana fica na esquina da Rua das Gaivotas com a Rua das Margaridas, ao lado da praça.
- A papelaria fica na esquina da Avenida dos Bem-te-vis com a Rua das Margaridas, em frente à praça.
- A padaria fica na esquina da Rua dos Pardais com a Rua dos Girassóis, na quadra do campo de futebol.
- A escola fica na Rua dos Pardais, entre a Rua das Margaridas e a Rua das Tulipas, no mesmo quarteirão da papelaria.

a) Qual é o nome da rua em que Davi mora?

____

b) Davi mora mais perto da praça ou do campo de futebol?

____

A padaria é um ponto de referência para localizar a casa de Davi.

7. Faça um desenho para explicar como chegar da escola até sua casa. Indique, pelo menos, 2 pontos de referência.

DIÁRIO DE BORDO

Nessas atividades, você aprendeu que:

- é possível localizar objetos e pessoas a partir de um ponto de referência;
- é importante indicar mudanças de direção e de sentido em um trajeto;
- roteiros ajudam a explicar como é um caminho.

SEQUÊNCIA

2 FIGURAS PLANAS E ESPACIAIS

VAMOS COMEÇAR!

Manuela deixou os brinquedos espalhados pelo quarto. Na cena, observe o que aconteceu.

ILUSTRA CARTOON

a) Manuela tropeçou em quê?

b) O objeto em que Manuela tropeçou lembra qual figura geométrica?

c) O tapete lembra qual figura geométrica?

VAMOS ENTENDER!

1. Ligue cada objeto à figura geométrica com a qual se parece.

FOTOS: SHUTTERSTOCK/ EDITORIA DE ARTE

ILUSTRAÇÕES: MARIANA TIEMI

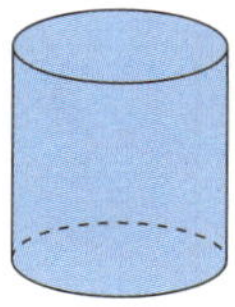

Cilindro

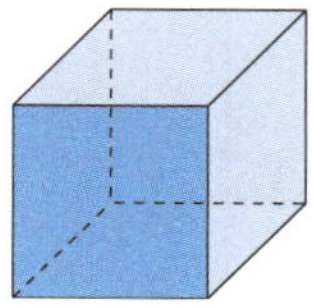

Cubo

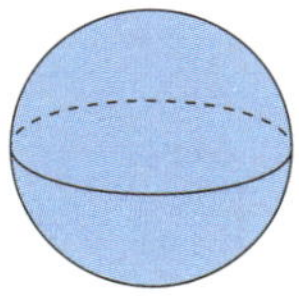

Esfera

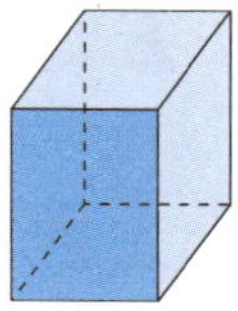

Bloco retangular

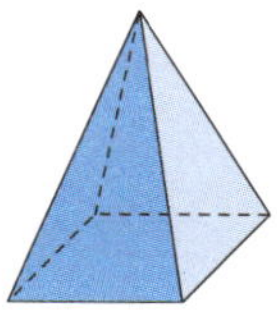

Pirâmide

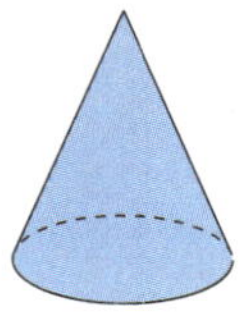

Cone

O **cubo**, o **cilindro**, a **esfera**, o **bloco retangular**, a **pirâmide** e o **cone** são figuras geométricas espaciais.

2. Pesquise objetos que se pareçam com cada uma das figuras geométricas a seguir. Nos espaços correspondentes, faça um desenho deles e escreva o nome da figura geométrica.

ILUSTRAÇÕES: MARIANA TIEMI

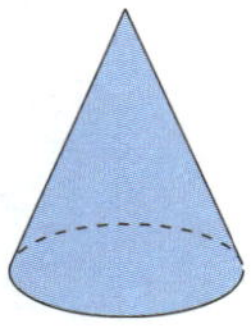

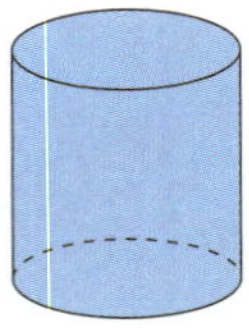

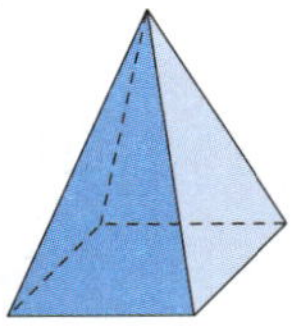

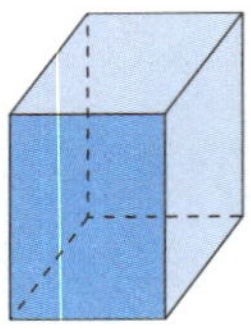

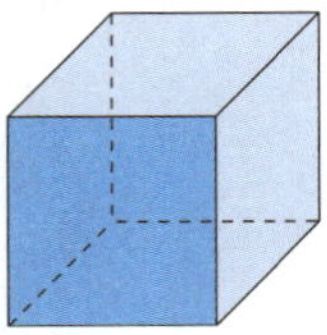

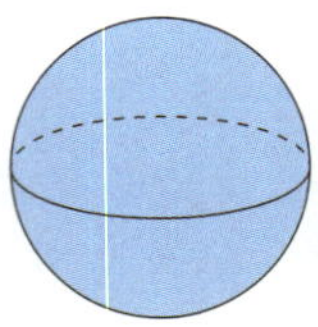

3. Observe o cubo e o bloco retangular.

SHUTTERSTOCK

Cubo.

SHUTTERSTOCK

Bloco retangular.

a) Contornando uma das faces de um cubo, é possível obter qual das figuras a seguir?

 ☐

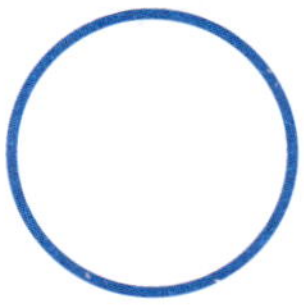 ☐

 ☐

b) E quais das figuras a seguir são possíveis obter contornando alguma face do bloco retangular?

 ☐

 ☐

 ☐

c) Procure um objeto que se pareça com um cubo ou um bloco retangular. Trace o contorno de uma face desse objeto.

4. Continue observando as relações entre as figuras geométricas espaciais e as figuras geométricas planas.

a) Ao pintar uma das faces de um cubo e carimbar um papel, a figura ao lado vai aparecer.

- Se repetirmos esse processo com as outras faces desse cubo, quantas figuras, além da que já temos, vão ser formadas no papel? Todas serão iguais?

___

b) Ao pintar uma das faces de um bloco retangular e carimbar um papel, a figura ao lado vai aparecer.

- Se repetirmos esse processo com as outras faces desse bloco, quantas figuras, contando com a que já temos, vão ser formadas no papel? Todas serão iguais?

___

c) Que diferenças você identificou entre o cubo e o bloco retangular?

___

___

d) Faça um **X** nos objetos que têm o formato de um bloco retangular e circule os objetos que têm o formato de um cubo.

FOTOS: SHUTTERSTOCK

5. Observe as figuras geométricas planas.

Quadrado. Retângulo. Círculo. Triângulo.

Agora, pinte as figuras abaixo seguindo a legenda.

Legenda

Quadrados | Círculos | Retângulos | Triângulos

6. Enzo desmontou uma embalagem cujo formato é o de um bloco retangular e obteve a figura a seguir.

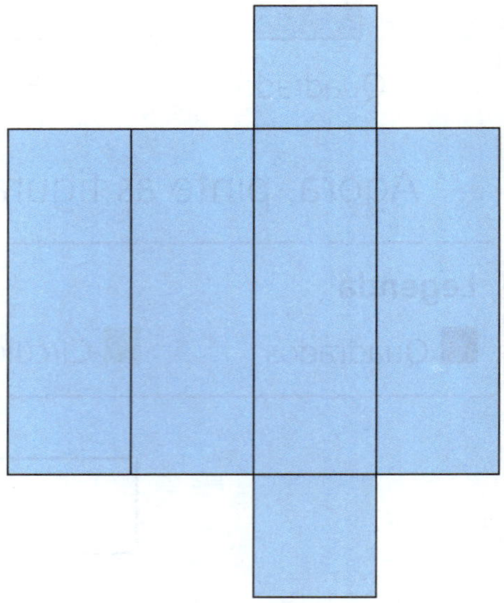

a) Na figura obtida, há quantos quadrados? ______________

b) Na figura, há quantos retângulos?

____

7. Luciana vai fazer embalagens de presente reaproveitando tubos de papel higiênico.

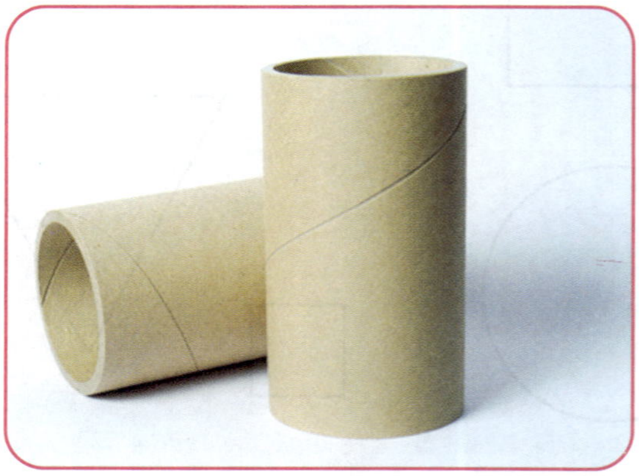

SHUTTERSTOCK

a) Se ela desmontar o tubo, qual das figuras abaixo ela vai obter? Faça um **X**.

( )

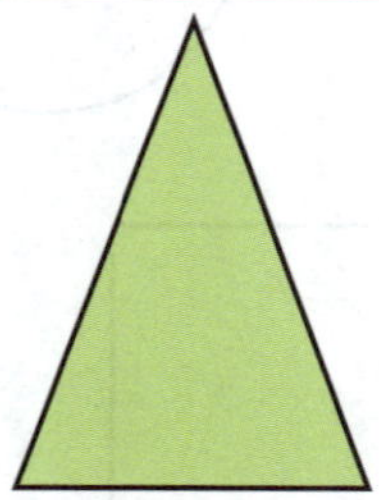

( )

b) Se Luciana usar o tubo, sem cortá-lo, para fazer as laterais da embalagem, qual será o formato da tampa e do fundo que ela precisará colocar?

( ) Quadrado. ( ) Triângulo. ( ) Círculo.

8. Pinte as figuras seguindo a legenda.

Legenda

- Figuras geométricas planas
- Figuras geométricas espaciais

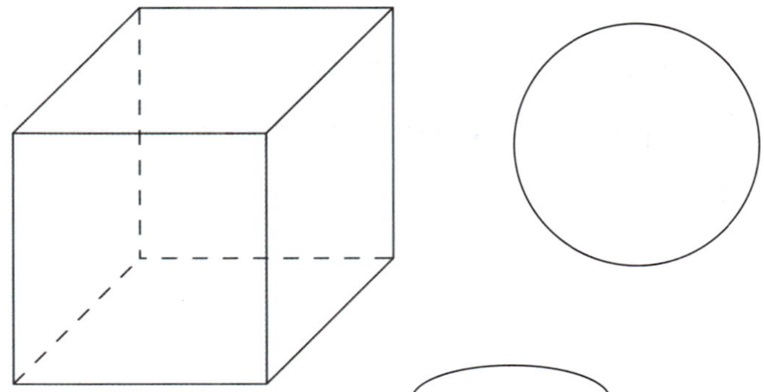

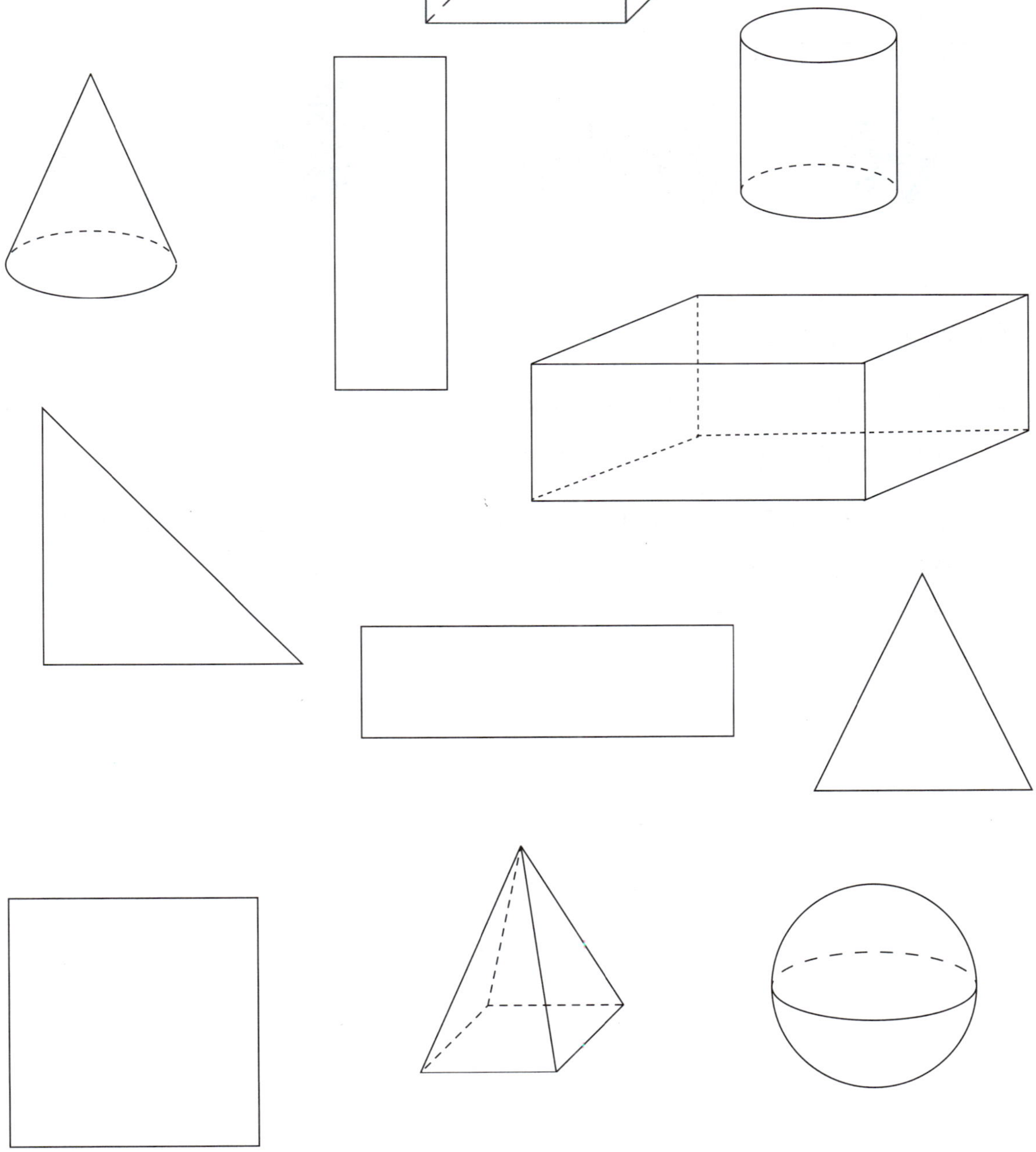

Figuras geométricas planas podem ter **lados** e **vértices**.

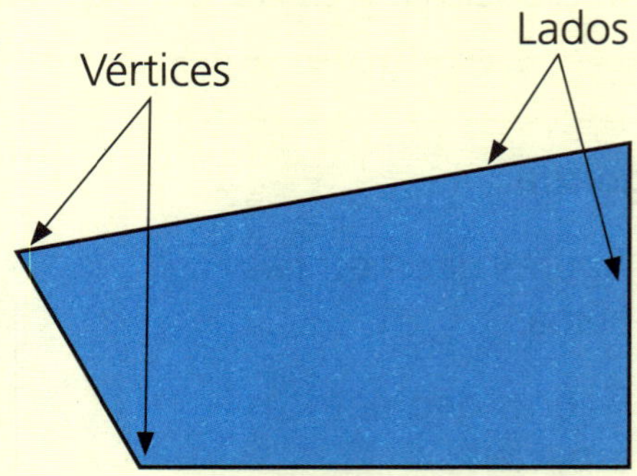

9. Observe as figuras geométricas.

Escreva, nos espaços, o nome de cada uma dessas figuras.

a) Qual das figuras não tem vértices? ______________________

b) Qual das figuras tem 3 lados? ______________________

c) Escolha uma figura que possa ser desenhada usando uma régua. Desenhe essa figura e escreva o nome dela.

10. Para cada figura geométrica espacial, desenhe as figuras planas que são possíveis identificar em suas faces.

a) 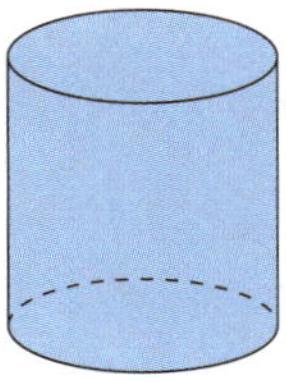

ILUSTRAÇÕES: MARIANA TIEMI

b) 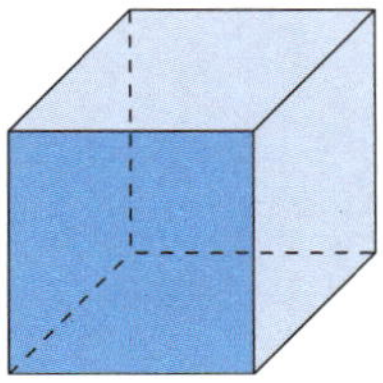

c) 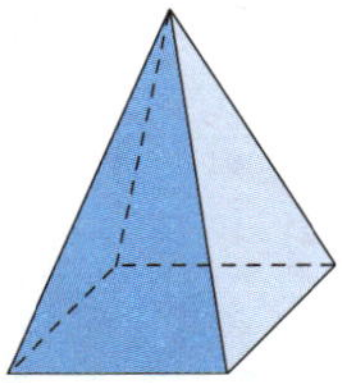

d) 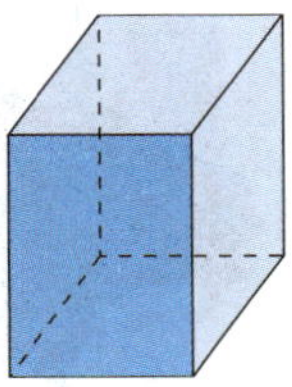

DIÁRIO DE BORDO

Nessas atividades, você aprendeu que:

- é possível reconhecer figuras geométricas espaciais em objetos;
- face e vértice são características das figuras geométricas espaciais;
- figuras geométricas planas podem ser reconhecidas em diferentes disposições.

SEQUÊNCIA

3 NÚMEROS ATÉ 99

VAMOS COMEÇAR!

Arthur está brincando de contar.

a) Qual é o segredo da brincadeira?

b) Continue a contagem. Qual é o próximo número que eles vão falar "bam!"?

c) Que tal brincar como Arthur e seus amigos? Continue contando e usando o mesmo segredo.

VAMOS ENTENDER! !!!

1. Observe a reta numérica e, depois, complete escrevendo os números como indicado em cada caso.

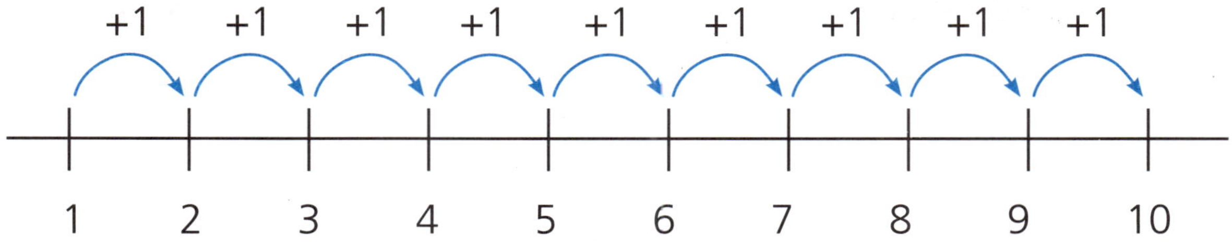

- Agora:

a) de 2 em 2.

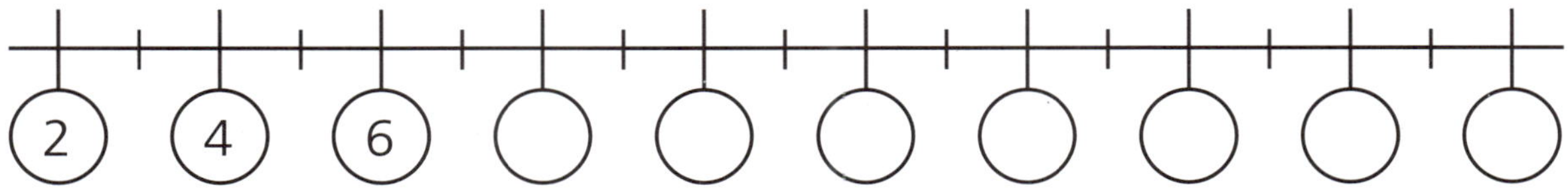

b) de 3 em 3.

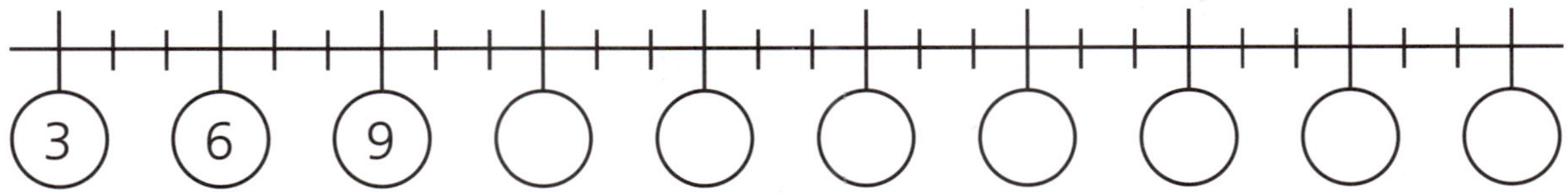

c) de 4 em 4.

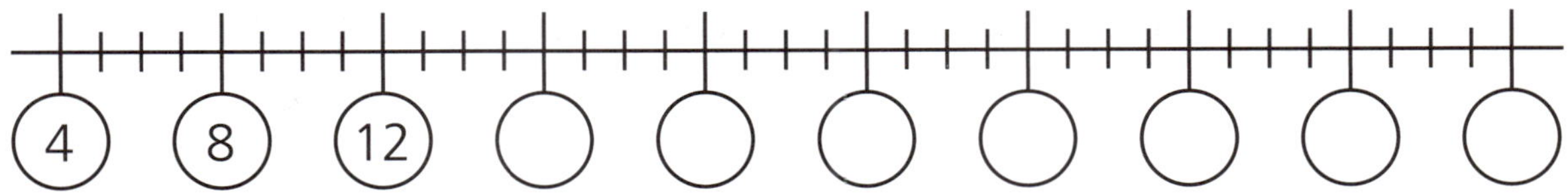

d) de 2 em 2.

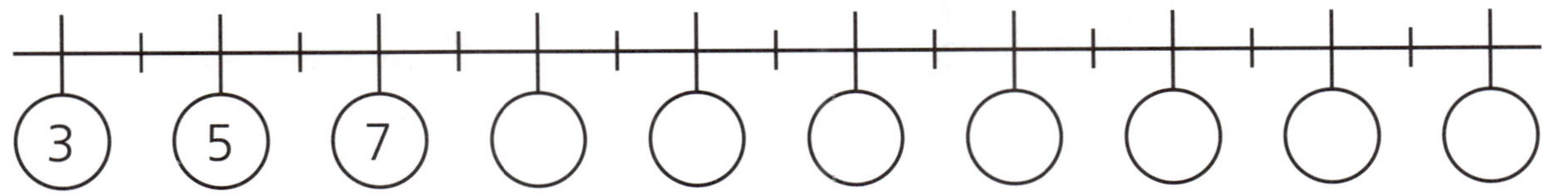

2. Quantos cubinhos há em cada grupo? Represente a quantidade seguindo o exemplo.

6

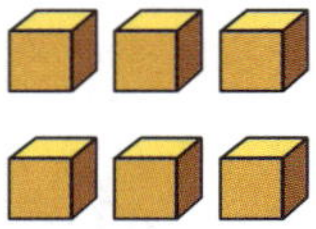

Seis.

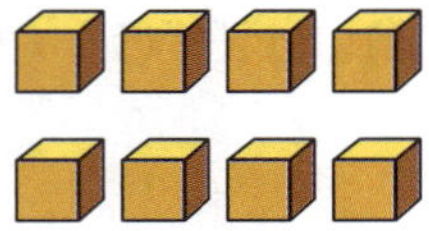

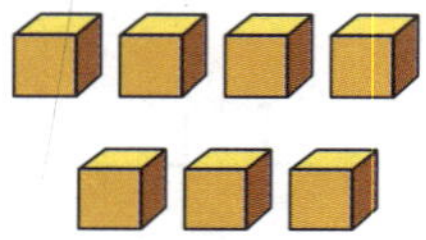

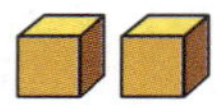

- Agora, escreva esses números em ordem crescente.

10 unidades correspondem a **1 dezena**.

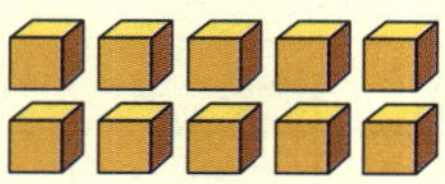

10 unidades

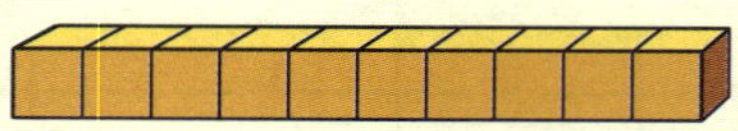

1 dezena

3. Escreva a quantidade representada em cada grupo usando algarismos e seguindo o exemplo.

90

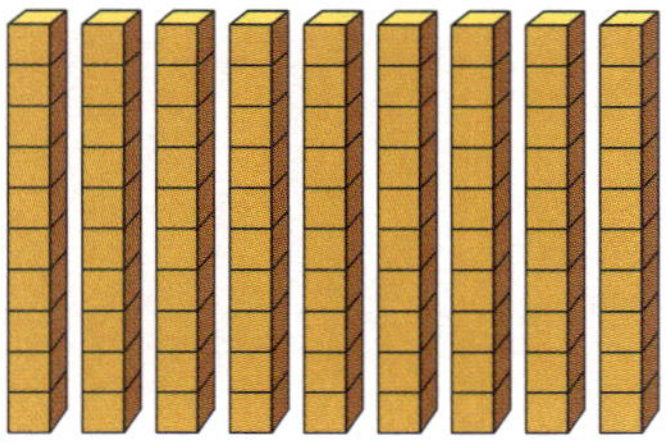

Noventa.

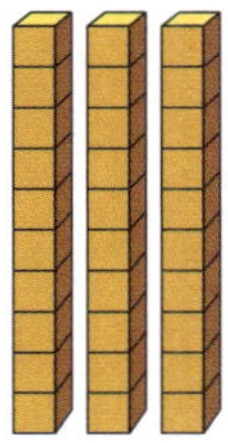

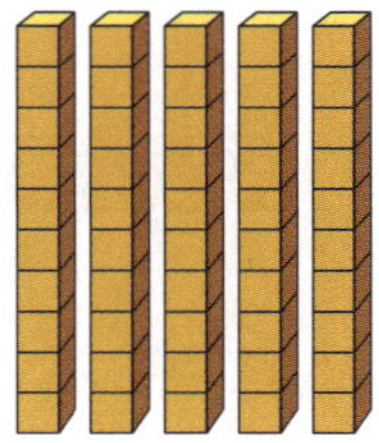

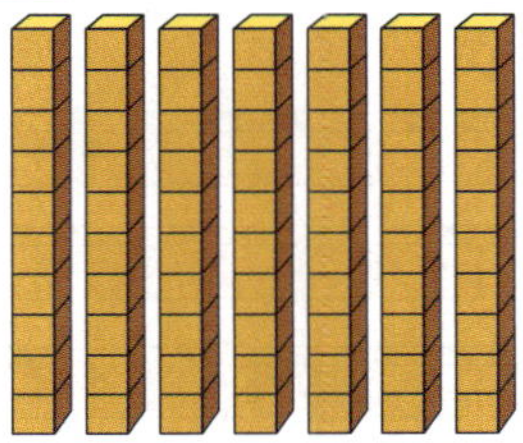

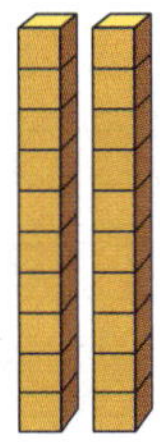

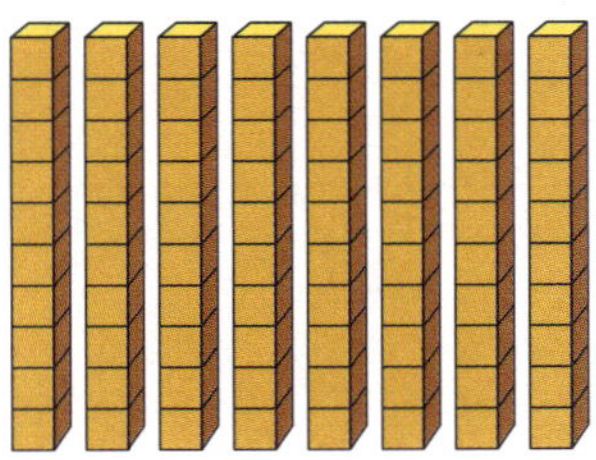

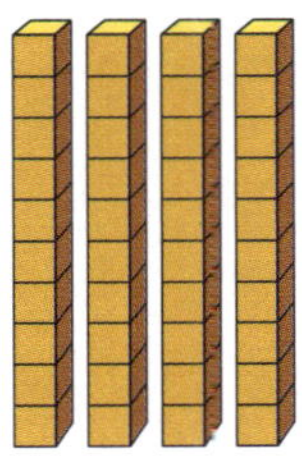

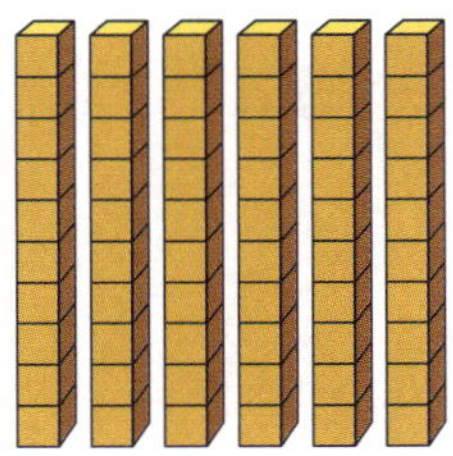

- Agora, escreva os números que você encontrou em ordem crescente.

- Qual é a quantidade que pode ser representada por 10 barras? ______

4. Escreva a quantidade representada em cada grupo.

a) 

_______ dezenas e _______ unidades = _______

b) 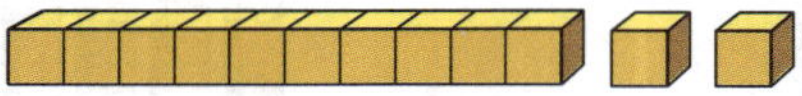

_______ dezena e _______ unidades = _______

c) 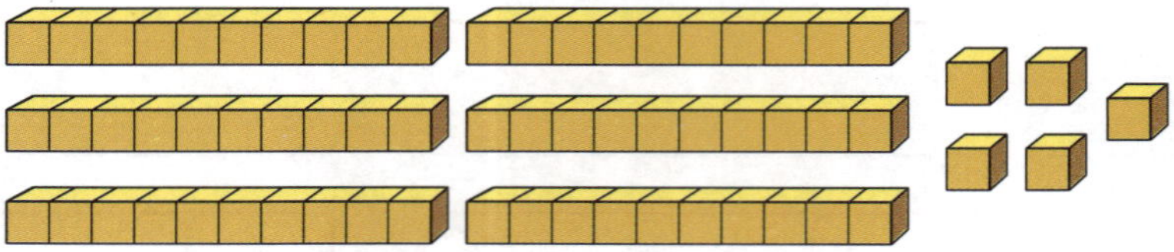

_______ dezenas e _______ unidades = _______

d) 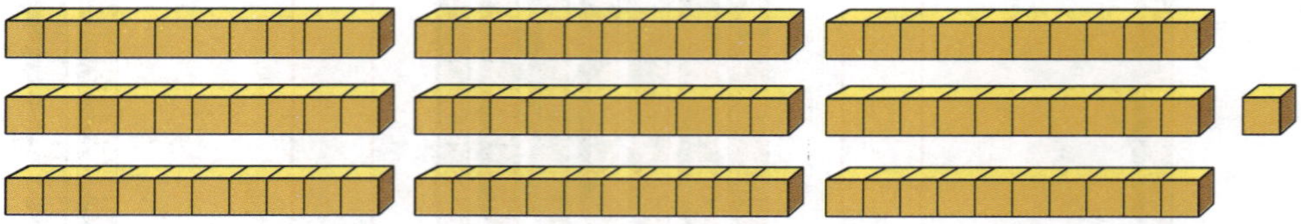

_______ dezenas e _______ unidade = _______

5. Represente os números desenhando barras e cubinhos de Material Dourado.

a) 74

b) 32

6. Complete o quadro seguindo o exemplo.

41	4 dezenas	1 unidade	10 + 10 + 10 + 10 + 1
42	4 dezenas	2 unidades	10 + 10 + 10 + 10 + 2
43	4 dezenas	____ unidades	10 + 10 + 10 + 10 + 3
44	4 dezenas	____ unidades	10 + 10 + 10 + 10 + 4
45	____ dezenas	____ unidades	10 + 10 + 10 + 10 + 5
46	____ dezenas	____ unidades	10 + 10 + 10 + 10 + 6
47	____ dezenas	____ unidades	10 + 10 + 10 + 10 + ____
48	____ dezenas	____ unidades	10 + 10 + 10 + 10 + ____
49	____ dezenas	____ unidades	10 + 10 + 10 + 10 + ____
50	____ dezenas	____ unidade	10 + 10 + 10 + ____ + ____

7. Decomponha os números em dezenas e unidades. Como no exemplo, escreva por extenso.

37	3 dezenas e 7 unidades	Trinta e sete
25	____ dezenas e ____ unidades	
68	____ dezenas e ____ unidades	
44	____ dezenas e ____ unidades	
53	____ dezenas e ____ unidades	

8. Complete o quadro.

0	1	2		4	5	6			9
10		12		14			17	18	
20	21		23		25	26			29
30			33	34		36	37	38	
40	41	42				46	47		49
			53	54	55		57	58	
60	61	62	63	64			67		69
70			73	74		76	77		79
	81		83	84	85	86			
90			93	94			97	98	

↑ 1ª coluna

- Agora, responda às questões a seguir.

a) Os números da primeira coluna têm qual algarismo na ordem das unidades? ____________________

b) Qual é o maior número com 2 algarismos iguais? ________

c) Qual é o menor número formado pelos algarismos 9 e 1? ____

d) Escreva, por extenso, o número formado por 2 algarismos 3.

____

9. Observe os números a seguir e responda às questões.

47 21 94 74 12 42

49 24 89 32 98

a) Qual é o maior número?

____

b) Qual é o menor número?

____

c) Quais são os números que têm 4 na ordem das unidades?

____

d) Quais são os números que têm 4 na ordem das dezenas?

____

e) Reescreva os números em ordem crescente.

____

____

f) Reescreva os números em ordem decrescente.

____

____

O mesmo algarismo pode representar quantidades diferentes. Veja os exemplos.

- No número 4**2**, o 2 representa 2 unidades.
- No número **2**4, o 2 representa 2 dezenas.

10. Em cada item, escreva as quantidades representadas nos quadros.

a)

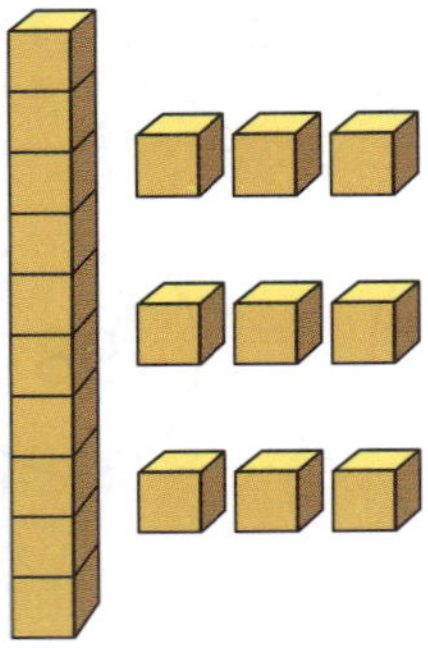

D	U

b)

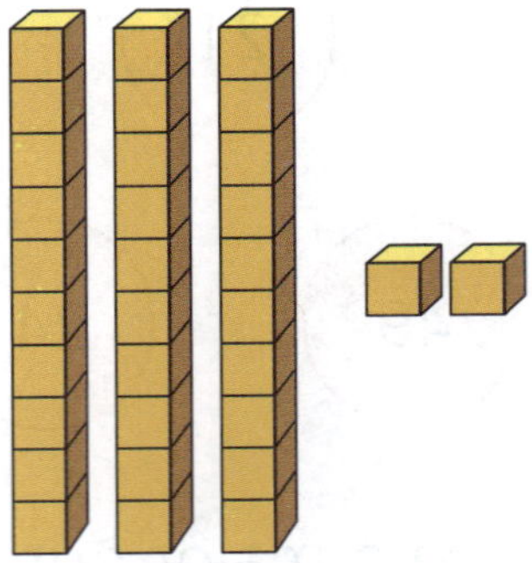

D	U

c)

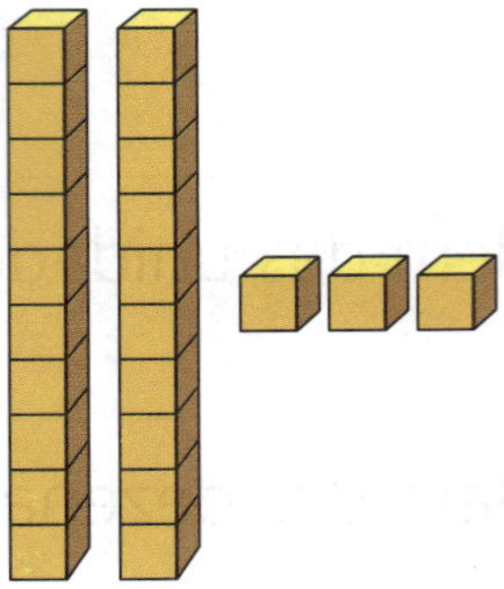

D	U

d)

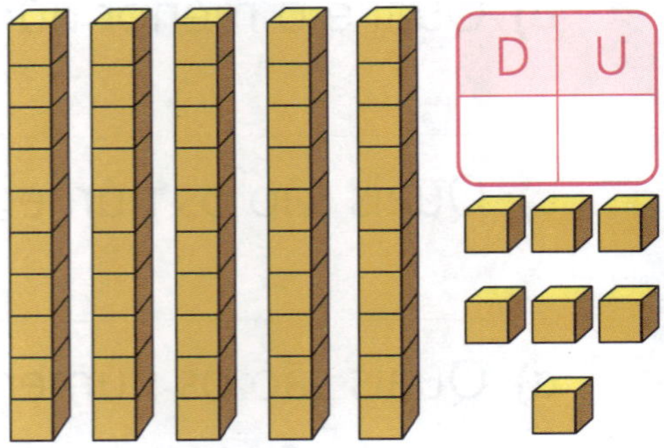

D	U

e)

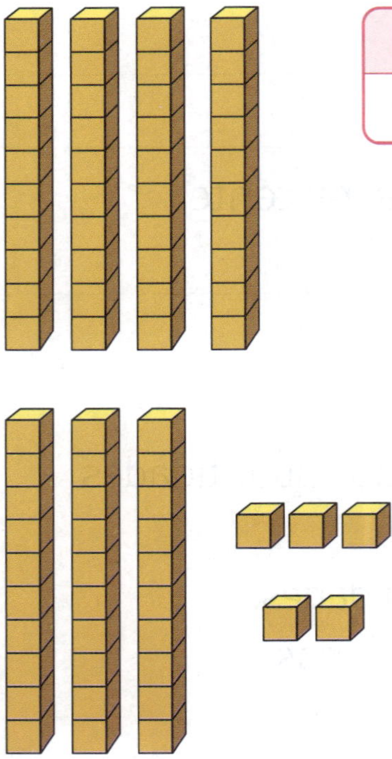

D	U

f)

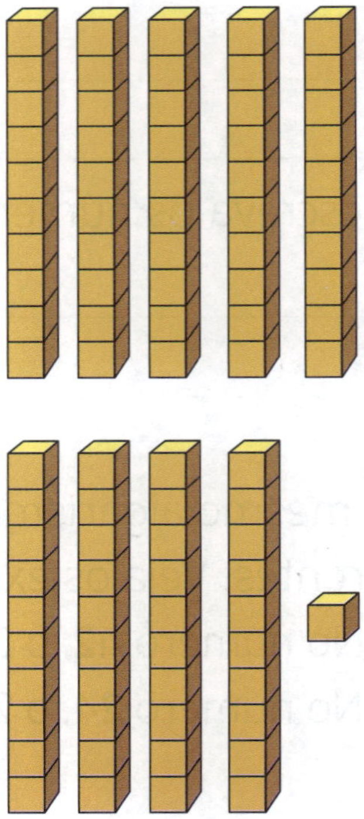

D	U

11. Observe as flores abaixo.

SHUTTERSTOCK/MARIANA TIEMI

a) Sem contar, responda: Quantas flores há na figura?

☐ Mais do que 10 flores. ☐ Menos do que 10 flores.

b) Agora, conte. Quantas flores há na figura? ________________

c) Você acertou sua estimativa?

12. Observe os 2 grupos abaixo.

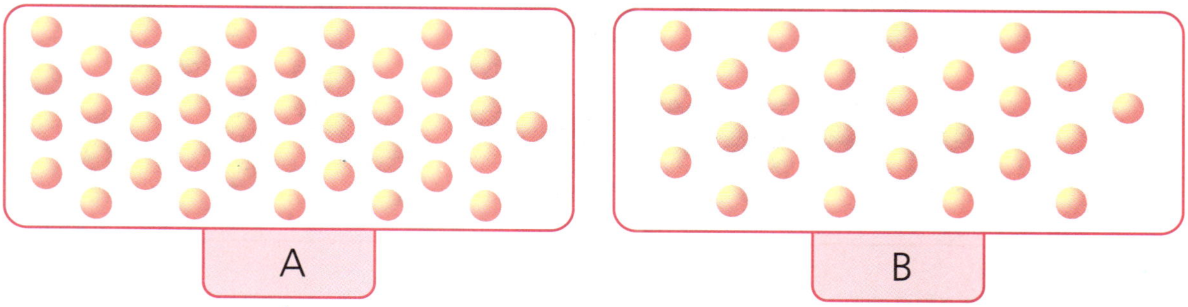

a) Sem contar, quantas bolinhas você acha que tem em cada grupo? Complete.

Estimativa	
Quantas bolinhas há no grupo **A**?	
Quantas bolinhas há no grupo **B**?	

b) Agora, conte quantas bolinhas há em cada grupo. Complete.

Contagem	
Quantas bolinhas há no grupo **A**?	
Quantas bolinhas há no grupo **B**?	

c) Você acertou sua estimativa?

13. Em cada item, faça uma estimativa. Depois, conte para saber se acertou.

a)

SHUTTERSTOCK/ MARIANA TIEMI

Estimativa: ____________ morangos.

Quantidade exata: ______________

b)

SHUTTERSTOCK/MARIANA TIEMI

Estimativa: ____________ limões.

Quantidade exata: ______________

DIÁRIO DE BORDO

Nessas atividades, você aprendeu que:

- 10 unidades correspondem a 1 dezena, e 10 dezenas correspondem a 1 centena;
- é possível decompor números em unidades e dezenas;
- os algarismos representam diferentes valores dependendo da ordem que ocupam em um número.

SEQUÊNCIA 4

NÚMEROS ATÉ 999

VAMOS COMEÇAR!

Ricardo precisa conferir o estoque de sucos de caixinha da cantina. Observe, na imagem, quantas caixas ele ainda tem para vender.

ILUSTRA CARTOON

a) De que maneira Ricardo pode contar quantas caixinhas de suco ele tem para vender?

b) Quantas caixinhas de suco estão expostas no balcão?

c) Quantas caixinhas de suco há em cada embalagem fechada?

d) Quantas embalagens fechadas há no balcão?

e) Quantas caixinhas de suco Ricardo tem no total?

VAMOS ENTENDER!

10 dezenas correspondem a **1 centena**.

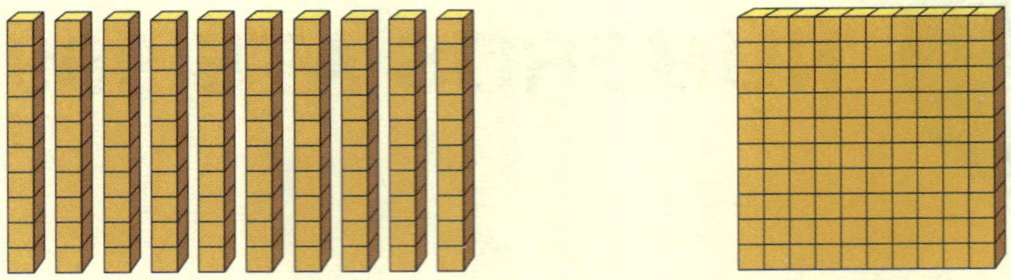

1. Complete o quadro indicando as quantidades em cada caso.

	10 dezenas	1 centena
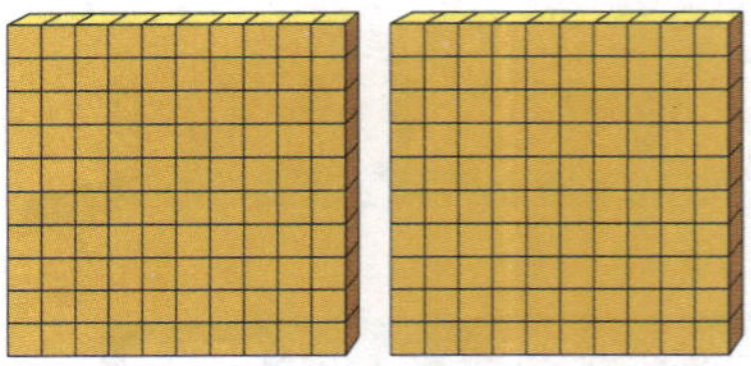	_____ dezenas	2 centenas
	_____ dezenas	_____ centenas
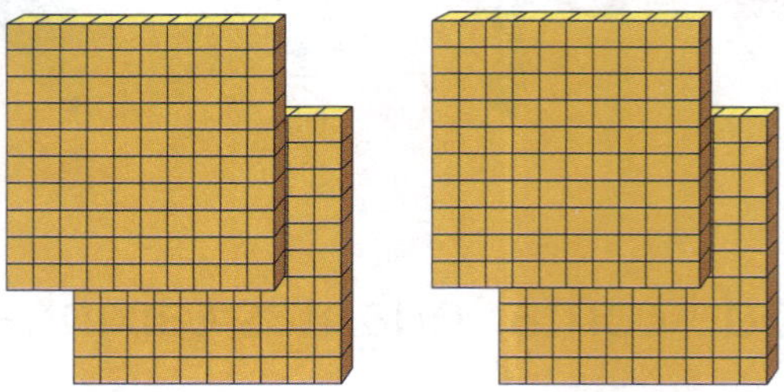	_____ dezenas	_____ centenas
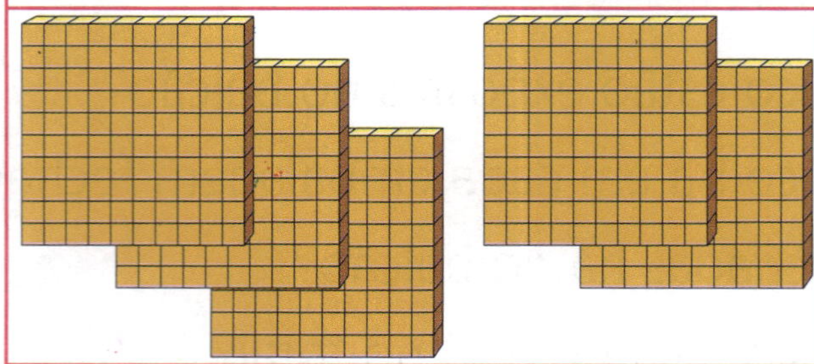	_____ dezenas	_____ centenas

2. Organize os números em ordem crescente.

200 – 100 – 500 – 300 – 800 –
400 – 600 – 900 – 700

____

____

3. Escreva as centenas por extenso.

100 → cem

200 → ______________________

300 → ______________________

400 → ______________________

500 → ______________________

600 → ______________________

700 → ______________________

800 → ______________________

900 → ______________________

4. Complete o quadro.

Número	C	D	U	Por extenso
198				
	2	3	5	
520				Quinhentos e vinte
301				
	6	1	5	Seiscentos e quinze

5. Complete o quadro seguindo o modelo.

	1 centena	100
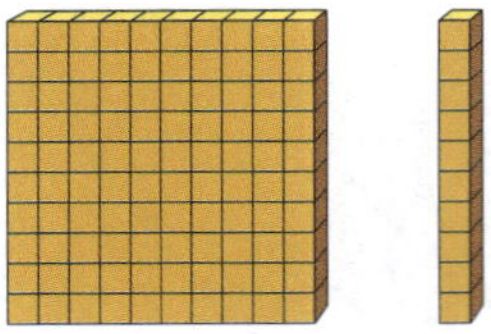	1 centena e 1 dezena	
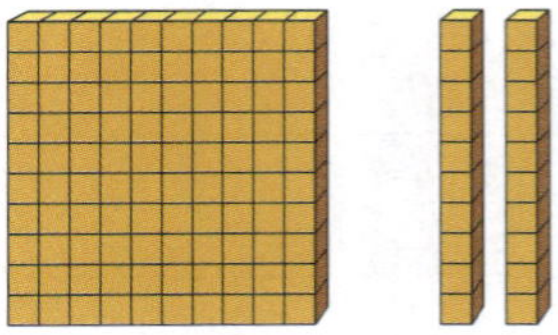	_____ centena e _____ dezenas	
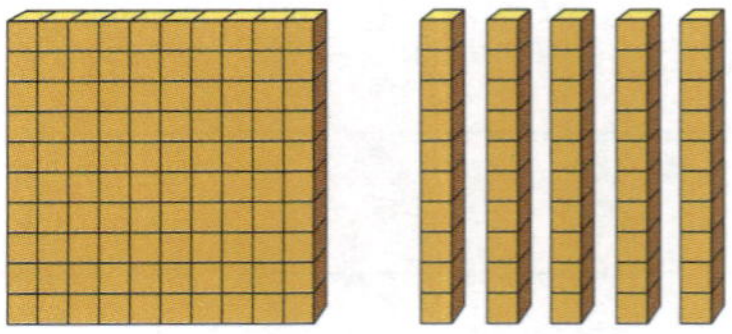	_____ centena e _____ dezenas	
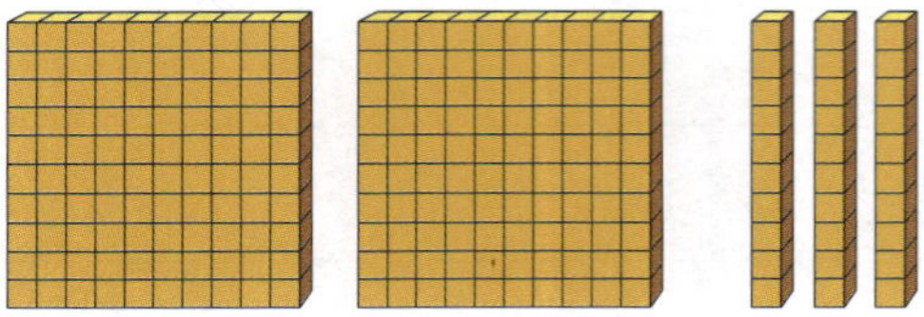	_____ centenas e _____ dezenas	
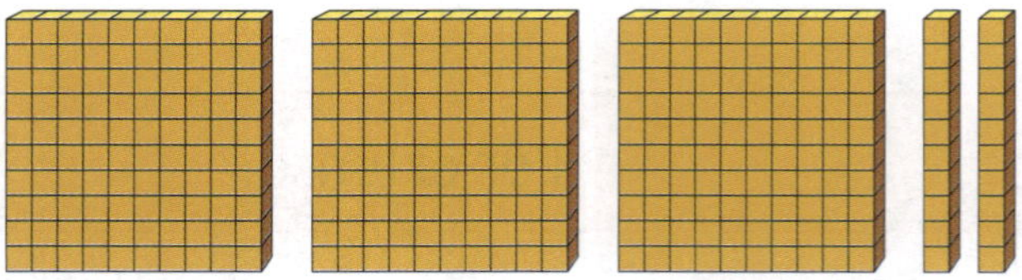	_____ centenas e _____ dezenas	
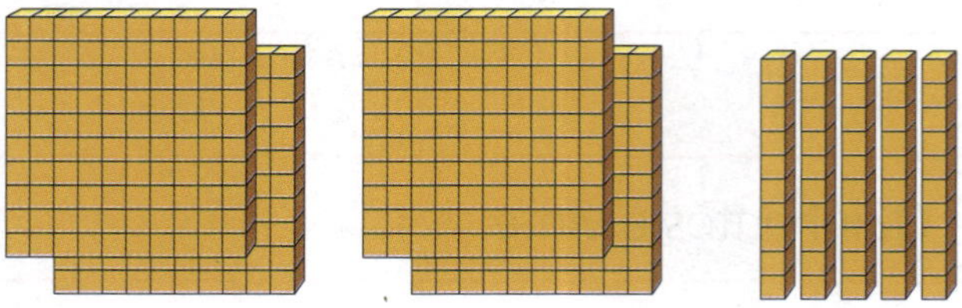	_____ centenas e _____ dezenas	
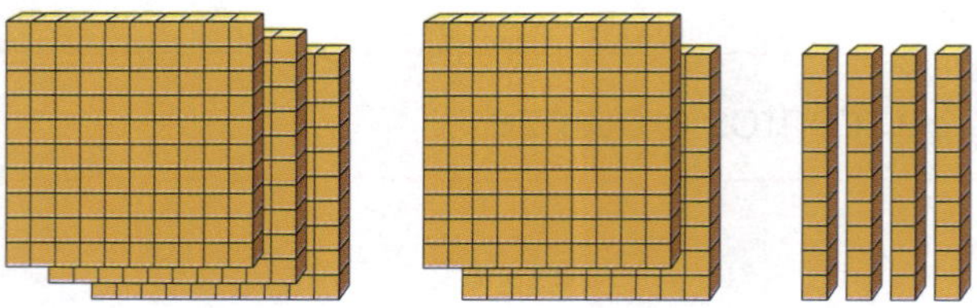	_____ centenas e _____ dezenas	

6. Complete com a quantidade de unidades, dezenas e centenas em cada caso.

9 5 2

- 2 unidades
- 5 dezenas
- 9 centenas

a) 2 5 7

- _______ unidades
- _______ dezenas
- _______ centenas

b) 3 1 0

- _______ unidade
- _______ dezena
- _______ centenas

c) 4 0 5

- _______ unidades
- _______ dezena
- _______ centenas

d) 3 3 3

- _______ unidades
- _______ dezenas
- _______ centenas

7. Em cada item, complete o quadro e escreva o número por extenso.

a) 198

C	D	U

____

b) 235

C	D	U

____

c) 310

C	D	U

____

d) 443

C	D	U

____

e) 520

C	D	U

____

f) 615

C	D	U

____

8. Leia cada frase a seguir e pinte o número correspondente.

a) Clara tirou cento e oitenta e nove fotografias na viagem de férias.

819 | 189 | 891

b) Théo ganhou cento e trinta e sete pontos na competição.

371 | 731 | 137

c) O número da casa em que Rafaela mora é quinhentos e trinta.

530 | 503 | 305

9. Em cada item, escreva os números em **ordem crescente**.

a) 809 – 908 – 890 → ______________________________

b) 214 – 124 – 421 → ______________________________

c) 987 – 879 – 789 → ______________________________

10. Observe os algarismos nas cartas.

2 **5** **7**

a) Escreva 6 números diferentes usando esses 3 algarismos.

b) Para o **maior** número, complete.

_____ centenas, _____ dezenas e _____ unidades

c) Para o **menor** número, complete.

_____ centenas, _____ dezenas e _____ unidades

Um mesmo algarismo tem valor diferente quando ocupa a ordem das unidades, a ordem das dezenas ou a ordem das centenas.

35**1** → O algarismo 1 representa **1 unidade** (1).

3**1**5 → O algarismo 1 representa **1 dezena** (10).

135 → O algarismo 1 representa **1 centena** (100).

11. Observe o número: 639

a) Com os mesmos algarismos, escreva um número que seja maior: ______________________

b) Com os mesmos algarismos, escreva um número que seja menor: ______________________

12. Em cada item, troque os algarismos das ordens das unidades e das dezenas. Em seguida, escreva o novo número por extenso. Observe o exemplo.

a) 304 ⟶ 340 ⟶ trezentos e quarenta

b) 790 ⟶ __________ ⟶ ______________________

c) 101 ⟶ __________ ⟶ ______________________

d) 607 ⟶ __________ ⟶ ______________________

e) 480 ⟶ __________ ⟶ ______________________

Em um número com 3 algarismos, o **0** (zero) pode ocupar a ordem das unidades e a ordem das dezenas.

13. Escreva todos os números possíveis com três algarismos usando 0, 1 e 2.

[ ] [ ] [ ] [ ]

a) Para o **maior** número, complete.

__________ centenas, __________ dezena e __________ unidade

b) Para o **menor** número, complete.

__________ centena, __________ dezena e __________ unidades

14. Descubra os números em cada charada.

a) É maior do que 150 e menor do que 200. É composto pelos algarismos 0, 1 e 6. Que número é?

____

b) É maior do que 300 e menor do que 450. É composto pelos algarismos 0, 4 e 7. Que número é?

____

c) É maior do que 400 e tem um 0 na ordem das dezenas. Também tem os algarismos 2 e 8. Que número é?

____

d) É o maior número formado por 3 algarismos. Que número é?

____

15. Em cada caso, escreva, em **ordem crescente**, todos os números que podem ser formados com os algarismos indicados.

a) 0, 0 e 1

____

b) 0, 1 e 1

____

c) 0, 2 e 4

____

16. Encontre, no diagrama, os números indicados a seguir.

- Cento e noventa e sete.
- Quinhentos e doze.
- Oitocentos e onze.
- Setecentos.
- Trezentos e trinta e três.

1	2	3	3	5	6	7	8	9	0
6	7	8	9	5	1	2	4	8	6
2	1	9	7	6	3	1	2	0	0
6	7	8	9	0	1	2	1	9	5
1	2	3	5	3	3	3	9	7	8
8	1	6	1	8	1	0	6	7	8
7	8	9	0	5	6	8	1	1	3
9	7	0	0	8	1	7	5	3	1

DIÁRIO DE BORDO

Nessas atividades, você aprendeu que:

- é possível decompor um número em unidades, dezenas e centenas;
- para ordenar e comparar números, é preciso prestar atenção na ordem que os algarismos ocupam;
- um algarismo pode ter valores diferentes, dependendo da ordem que ele ocupa;
- o zero tem a função de indicar que a ordem que ocupa no número está vazia.

SEQUÊNCIA

5 ADIÇÃO E SUBTRAÇÃO

VAMOS COMEÇAR!

Gabriel quer ser filatelista como seu avô! Ele começou sua coleção de selos e já tem 200 selos brasileiros e 100 selos de outros países.

ILUSTRA CARTOON

a) O que é preciso fazer para saber quantos selos Gabriel já tem?

b) Que operação matemática deve ser utilizada para obter a quantidade de selos de Gabriel?

- Quantos selos Gabriel já tem?

VAMOS ENTENDER!

1. Carolina e Ian estão jogando com dado e Material Dourado.

ILUSTRA CARTOON

A cada ponto obtido no dado, o jogador ganha um cubinho de Material Dourado. Toda vez que o jogador junta 10 cubinhos, eles são trocados por uma barra. Ganha o jogo aquele que primeiro conseguir juntar 10 barras para trocar por uma placa.

a) Ian jogou o dado. Quantos cubinhos ele vai juntar nessa rodada? Observe a imagem. ______

b) Observe os cubinhos que Ian já tem. Ele vai conseguir trocar por 1 barra nessa rodada? ______

c) Ao final dessa rodada, quantas barras Ian terá?

______

d) Quantas barras faltam para Ian fazer a troca pela placa?

______

e) Quantos cubinhos e quantas barras Carolina já tem?

______

f) Quantos pontos faltam para Carolina conseguir mais uma barra? ______

g) Na próxima rodada, é possível Carolina pegar 1 barra? Por quê?

2. Complete para representar todas as possibilidades de juntar 10 unidades.

_____ + 9 = 10	_____ + 6 = 10	_____ + 3 = 10
_____ + 8 = 10	_____ + 5 = 10	_____ + 2 = 10
_____ + 7 = 10	_____ + 4 = 10	_____ + 1 = 10

3. Represente as adições com números e sinais como no exemplo. Complete.

a) 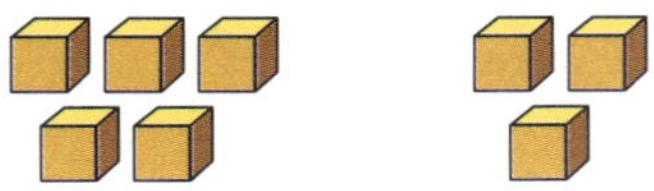

5 + 3 = 8

b) 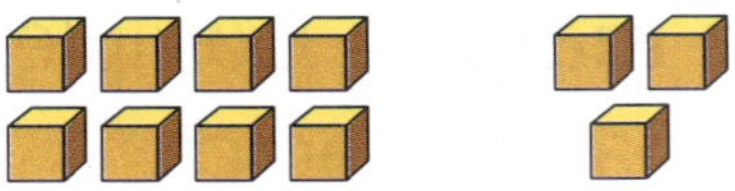

☐ + ☐ = ☐

c) 

☐ + ☐ = ☐

d) 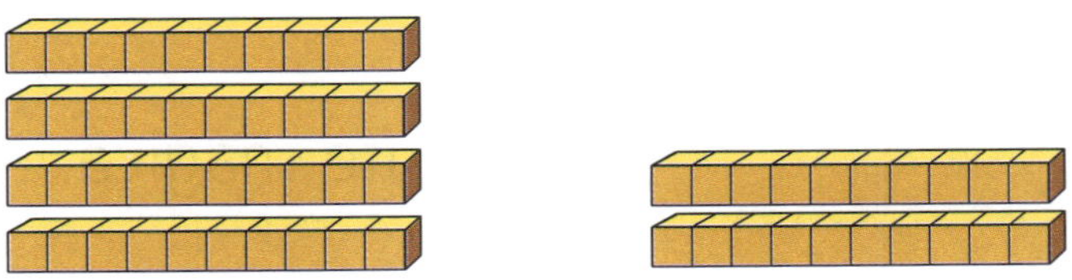

☐ + ☐ = ☐

e) 

☐ + ☐ = ☐

4. Pinte as operações de acordo com o resultado indicado na legenda.

Legenda de resultados

- 10
- 15
- 20

8 + 7	11 + 9	8 + 2	9 + 6
8 + 12	7 + 3	7 + 8	4 + 6
10 + 5	2 + 8	5 + 15	9 + 1

5. No quadrado mágico, o resultado da adição dos números de cada linha e de cada coluna é sempre igual. Esse resultado é chamado de **constante mágica**. Complete os quadrados mágicos e registre a constante mágica.

8	1	6
3	5	7
4	9	2

Constante mágica: ______

26	5	20
11	17	23
14	29	8

Constante mágica: ______

15	8	13
10	12	14
11	16	9

Constante mágica: ______

24	3	18
9	15	21
12	27	6

Constante mágica: ______

6. Resolva as operações de adição.

a)

	D	U
	8	4
+	1	1

b)

	D	U
	5	4
+	2	2

c)

	D	U
	1	4
+	2	3

d)

	D	U
	2	4
+		4

e)

	D	U
	3	4
+	2	5

f)

	D	U
	4	4
+	3	6

g)

	D	U
	8	4
+		7

h)

	D	U
	5	4
+	2	8

i)

	D	U
	3	3
+	2	9

j)

	D	U
	7	2
+	1	8

SHUTTERSTOCK

7. Resolva as subtrações como no exemplo.

10 – 3 = 7

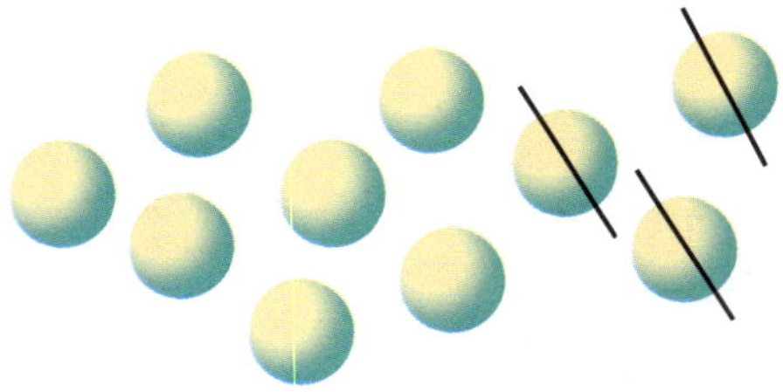

a) 5 – 1 = ______

b) 12 – 5 = ______

c) 15 – 4 = ______

8. Resolva as operações.

10 – 9 = ______ 9 – 6 = ______ 20 – 3 = ______

15 – 8 = ______ 12 – 2 = ______ 14 – 5 = ______

9. Resolva as operações de subtração.

a)

	D	U
	3	5
–	2	1

b)

	D	U
	4	5
–	3	2

c)

	D	U
	2	5
–	1	3

d)

	D	U
	6	5
–	3	4

e)

	D	U
	4	5
–	3	5

f)

	D	U
	6	5
–	1	6

g)

	D	U
	8	5
–	2	7

h)

	D	U
	5	5
–	4	8

DIÁRIO DE BORDO

Nessas atividades, você aprendeu que:

- há diferentes estratégias para resolver operações de adição e de subtração.

SEQUÊNCIA

6 PROBLEMAS DE ADIÇÃO E DE SUBTRAÇÃO

VAMOS COMEÇAR!

Veja como Lara calculou 231 + 145.

SHUTTERSTOCK/MARIANA TIEMI

a) Complete as etapas que Lara seguiu para calcular.

Primeiro, ela calculou:

1 unidade + 5 unidades = ______ unidades.

Depois, ela calculou:

3 dezenas + ______ dezenas = ______ dezenas.

Por último, ela calculou:

2 centenas + ______ centena = ______ centenas.

b) O resultado que Lara encontrou foi:

______ centenas + ______ dezenas + ______ unidades = ______

c) Escreva o resultado por extenso.

____

VAMOS ENTENDER!

1. Catarina e seu irmão Davi estão recolhendo tampinhas coloridas no bairro em que moram para fazer uma atividade da escola. Eles precisam juntar 100 tampinhas! Veja quantas tampinhas eles já recolheram.

a) Quantas tampinhas de cada cor eles recolheram? Complete.

Tampinhas azuis: _______ + _______ = _______

Tampinhas verdes: _______ + _______ = _______

b) Quantas tampinhas Catarina já recolheu? Complete.

_______ + _______ = _______

c) Quantas tampinhas Davi já recolheu? Complete.

_______ + _______ = _______

d) Quantas tampinhas eles já recolheram no total?

_______ + _______ = _______

e) Quantas tampinhas faltam para completar 100 tampinhas?

100 – _______ = _______

2. Considere a situação a seguir e responda às questões.

Bruno tem 78 bolinhas de gude, e seu primo Pedro tem 21 bolinhas.

ILUSTRA CARTOON

a) Represente a quantidade de bolinhas de Bruno e de Pedro. Para isso, desenhe cubinhos e barras.

Bolinhas de Bruno	Bolinhas de Pedro

b) Quem tem mais bolinhas de gude? ____________________

c) Que operação matemática pode ser feita para descobrir quantas bolinhas um tem a mais do que o outro? ____________

d) Calcule e complete a frase:

________________ tem ________ bolinhas de gude a mais do que ________________ .

3. Resolva o problema seguindo as orientações a seguir.

No jardim de Manuela, há rosas vermelhas e rosas amarelas. No domingo, ela colheu 68 rosas. As 25 rosas amarelas, ela usou para decorar a casa. As rosas vermelhas, Manuela colocou em uma cesta para vender na feira. Nesse dia, quantas rosas vermelhas Manuela tinha para vender?

a) Qual é o assunto do problema?

___

b) Quais são as quantidades que aparecem no enunciado? Circule.

c) Sublinhe o trecho em que está a pergunta.

d) Como você pretende resolver o problema?

___

e) Registre como você pode chegar ao resultado.

f) Escreva sua resposta.

No domingo, Manuela tinha ______ rosas vermelhas para vender.

4. Resolva o problema respondendo aos itens abaixo.

> Luan tem 7 anos, e seu pai, 38. Quando Luan nasceu, quantos anos o pai dele tinha?

a) Qual é o tema do problema?

____

b) Quais são as quantidades que aparecem no enunciado? Circule.

c) Sublinhe o trecho em que está a pergunta.

d) Escolha uma estratégia e resolva o problema.

e) Escreva sua resposta.

Quando Luan nasceu, o pai dele tinha _______ anos.

5. Resolva os problemas a seguir.

a) Manuela economizou 368 reais e separou 125 reais para comprar 1 vestido novo. Quanto ela ainda vai ter após a compra? Complete para resolver o problema.

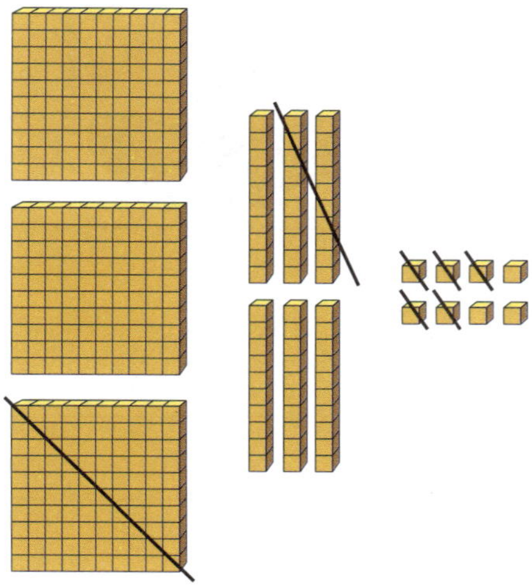

C	D	U
3	6	8
1	2	5

$$\begin{array}{r} 3\;6\;8 \\ -\;1\;2\;5 \\ \hline \_\_\_\_ \end{array}$$

Após a compra, Manuela ainda vai ter ______ reais.

b) Manoel trabalha em um restaurante e no fim de semana recebeu 215 reais de gorjeta. Ele resolveu acrescentar esse dinheiro aos 274 reais que já tinha guardado, sem gastar nada. Quantos reais ele tem agora?

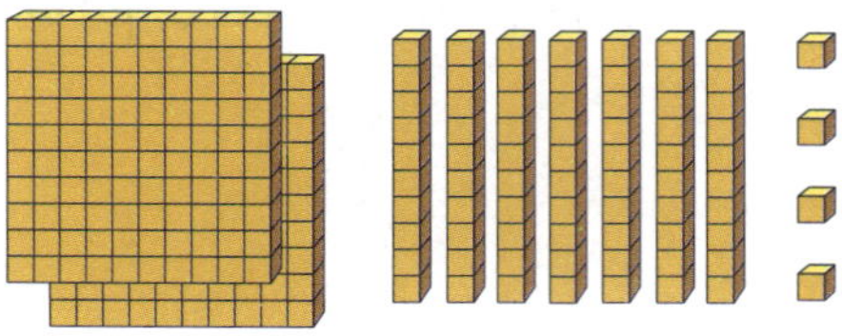

274

\+

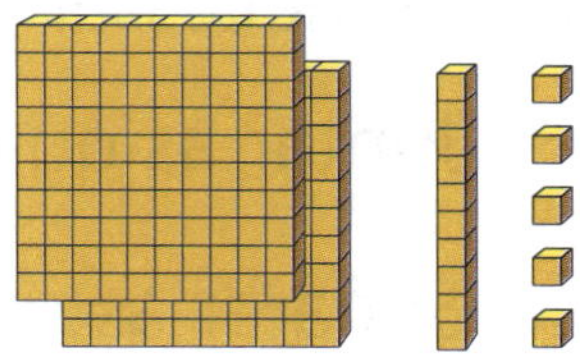

215

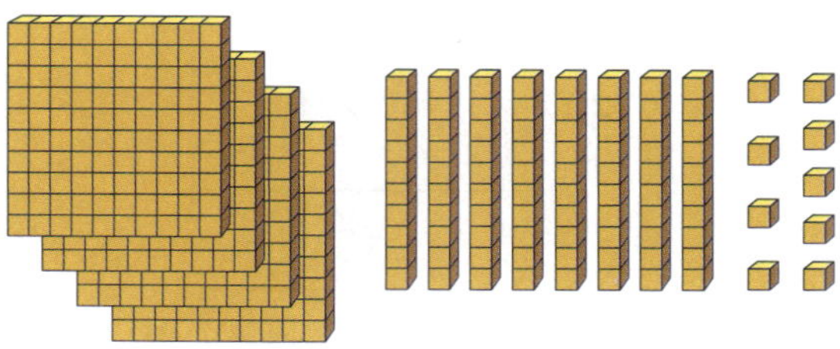

C	D	U
2	7	4
2	1	5

____ + ____ + ____

6. Analise a situação-problema.

Na biblioteca da escola em que Lucas estuda, há 412 livros de histórias de aventura e 283 livros de contos. Quantos livros têm, **ao todo**, nessa biblioteca?

SHUTTERSTOCK

Agora, responda.

a) A que se refere o número 412? ______________________________

____

b) A que se refere o número 283? ______________________________

____

c) Qual é o sentido adequado para a expressão "ao todo"?

- [ ] Que tem maior quantidade.
- [ ] Quantidade total de livros.

d) O que é necessário para responder à pergunta do problema?

- [ ] Juntar as quantidades.
- [ ] Separar as quantidades.

e) Registre o cálculo no quadro.

	C	D	U
+			

f) Complete a resposta.

Na biblioteca, há __________ livros ao todo.

7. Analise a situação-problema.

Para sua apresentação de dança no teatro da escola, Luiza distribuiu 426 convites, dos quais 12 foram para seus familiares. No dia da apresentação, porém, apenas 314 pessoas compareceram. Quantas pessoas faltaram?

SHUTTERSTOCK

Agora, responda.

a) Qual é a pergunta do problema? Faça um **X**.

☐ Quantas pessoas foram ao teatro?

☐ Quantas pessoas não foram ao teatro?

b) Você precisa de todos os números que aparecem no problema para resolvê-lo? ______________________

c) O que você precisa fazer para calcular quantas pessoas faltaram?

☐ Somar o número de convites e de pessoas que compareceram.

☐ Somar o número de familiares de Luiza e de convites.

☐ Subtrair o número de pessoas que compareceram do número de convites.

d) Registre o cálculo no quadro.

	C	D	U
−			

e) Complete a resposta.

No dia da apresentação, faltaram ________ pessoas.

8. Poliana tem uma coleção com 132 tampinhas amarelas, 143 tampinhas azuis e 125 tampinhas verdes.

a) Poliana tem mais tampinhas amarelas, azuis ou verdes?

____

b) Qual é a cor de tampinha que Poliana tem menos?

____

c) Quantas tampinhas verdes e amarelas ela tem?

____

d) Quantas tampinhas azuis ela tem a mais do que amarelas?

____

9. Raul tem 22 anos, e seu pai tem o triplo de sua idade. Quantos anos o pai de Raul tem?

O pai de Raul tem ________ anos.

10. Esta é a família de Cristina.

Isabel	Flávio	Cristina	Alberto	Lara

Leia as dicas e descubra a idade de cada um. Depois, registre abaixo de cada nome.

- Alberto tem 37 anos. Flávio tem 26 anos a menos do que Alberto.
- Isabel tem 6 anos a menos do que Cristina.
- Flávio é 5 anos mais velho do que Isabel.
- Cristina é 19 anos mais nova do que Lara.

DIÁRIO DE BORDO

Nessas atividades, você aprendeu que:

- para resolver problemas, é preciso ler o enunciado com atenção, localizar as informações importantes e identificar a operação que deve ser realizada.

SEQUÊNCIA

7 SEQUÊNCIAS

VAMOS COMEÇAR!

Laura gosta de observar os peixes de seu aquário.

ILUSTRA CARTOON

a) Qual é o padrão que aparece no corpo dos peixes?

b) Desenhe um peixe com o mesmo padrão dos que aparecem na imagem.

VAMOS ENTENDER!

1. Felipe fez uma faixa decorativa utilizando figuras geométricas.

a) Qual é o padrão da faixa que Felipe fez?

b) Quantas vezes o padrão se repete na faixa que Felipe fez?

c) Se a faixa continuasse, qual seria a próxima figura que Felipe utilizaria?

d) Crie um padrão e desenhe uma sequência utilizando quadrados e círculos. Repita o padrão, no mínimo, 4 vezes.

e) Desenhe outra sequência usando 3 figuras diferentes que se repetem.

2. Nesta sequência, o padrão se repete 3 vezes.

a) Qual é o padrão que se repete?

____

b) Qual é o primeiro elemento que se repete?

____

c) Qual é o segundo elemento do padrão?

____

d) Qual é o terceiro elemento do padrão?

____

e) Se a sequência continuar, qual será a próxima figura?

____

3. Lucas criou uma sequência com quadrados e retângulos.

a) Qual é o padrão da sequência? Desenhe.

b) Continuando a sequência, qual será a próxima figura?

____

c) Crie uma sequência de figuras alternando apenas as cores.

4. Observe a sequência.

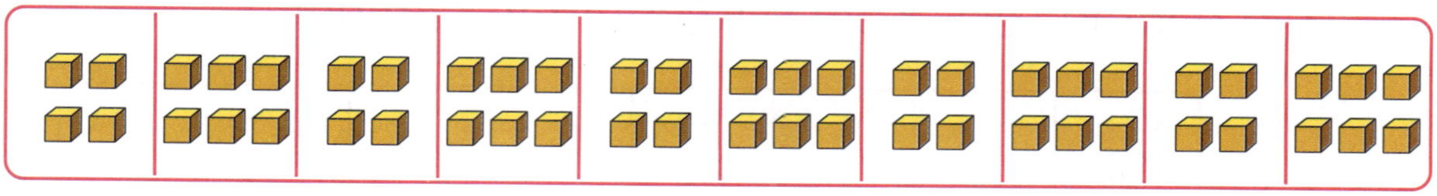

a) Qual é o padrão dessa sequência?

____

b) Escreva a mesma sequência representando as quantidades com algarismos.

5. Identifique o padrão e complete as sequências numéricas.

a)

3	5	7	9				

Qual é o padrão? ____

____

b)

77	67	57	47				

Qual é o padrão? ____

____

c)

99	98	97	96				

Qual é o padrão? ____

____

6. Escreva uma sequência numérica começando com o 10 e cujo padrão seja "somar 5 ao termo anterior"

10							

Agora, complete as frases.

- Quando o padrão de uma sequência é uma ____________________, a sequência é crescente.
- Quando o padrão de uma sequência é uma ____________________, a sequência é decrescente.

7. Complete calculando o próximo número, de acordo com a legenda.

→ +5 ↓ −2

23					
21					

a) Cada uma das linhas corresponde a uma sequência.

- Essa sequência é crescente ou decrescente? ____________________
- Qual é o padrão dessa sequência? ____________________

b) Cada uma das colunas corresponde a uma sequência.

- Essa sequência é crescente ou decrescente? ____________________
- Qual é o padrão dessa sequência? ____________________

8. Observe a sequência numérica que Isabela criou.

24 – 26 – 28 – 30 – 32

a) Os números da sequência estão aumentando ou diminuindo?

____

b) Qual é o padrão dessa sequência?

____

c) Quais são os próximos 5 números dessa sequência? Complete.

24	26	28	30	32					

9. Observe as sequências a seguir.

Sequência 1: 10 – 11 – 12 – 13 – 14 – 15
Sequência 2: 15 – 14 – 13 – 12 – 11 – 10

a) Qual é a diferença entre essas sequências?

b) Qual é o padrão da sequência 1? ______________________

c) Qual é o padrão da sequência 2? ______________________

10. Em cada sequência, descubra o padrão e complete com os números que faltam.

a)

5	10	15	20		30	35			

- Qual é o padrão? ______________________

b)

89	84	79	74		64	59			

- Qual é o padrão? ______________________

c)

21	27	33		45	51	57			

- Qual é o padrão? ______________________

d)

90	81	72	63	54		36			

- Qual é o padrão? ______________________

11. Descubra o padrão das sequências e complete com os números que estão faltando.

a)

100	150		250		350		450	

- Qual é o padrão? ______________________

b)

900	800	700		500		300		100

- Qual é o padrão? ______________________

c)

25	50	75		125		175		225	

- Qual é o padrão? ______________________

DIÁRIO DE BORDO

Nessas atividades, você aprendeu que:

- algumas sequências podem ser formadas pela repetição de padrões;
- algumas sequências podem ser formadas somando ou subtraindo quantidades.

SEQUÊNCIA 8 MULTIPLICAÇÃO E DIVISÃO

VAMOS COMEÇAR!

Os alunos do 2º ano foram a um museu. Observe como eles se organizaram.

ILUSTRA CARTOON

a) De que maneira os alunos estão organizados para entrar no museu?

b) Conte quantas duplas estão na fila. Quantos alunos são no total?

c) Ao final do passeio, metade dos alunos vai assistir a um filme. Quantos alunos vão assistir ao filme?

VAMOS ENTENDER!

1. Valentina ganhou 2 pacotes de figurinhas. Em cada pacote, vieram 5 figurinhas.

SHUTTERSTOCK

a) Quantas figurinhas vieram em cada pacote? ______

b) Quantas figurinhas Valentina ganhou ao todo? Complete.

☐ + ☐ = ☐

- Nessa operação, que número se repetiu? ______
- Quantas vezes esse número se repetiu? ______

c) Se Valentina ganhar mais um pacote de figurinhas, quantas figurinhas ela vai ter? Complete.

☐ + ☐ + ☐ = ☐

- Nessa operação, que número se repetiu? ______
- Quantas vezes esse número se repetiu? ______

A **multiplicação** é uma **adição de parcelas iguais**.
10 + 10 + 10 = 3 × 10 (lê-se: três vezes dez)

2. Complete e encontre o resultado em cada item.

$$5 + 5 = 2 \times 5 = 10$$

a) 7 + 7 = ______ × ______ = ______

b) 9 + 9 = ______ × ______ = ______

c) 6 + 6 + 6 = ______ × ______ = ______

d) 15 + 15 + 15 = ______ × ______ = ______

e) 3 + 3 + 3 + 3 = ______ × ______ = ______

f) 10 + 10 + 10 + 10 = ______ × ______ = ______

g) 4 + 4 + 4 + 4 + 4 = ______ × ______ = ______

h) 10 + 10 + 10 + 10 + 10 = ______ × ______ = ______

3. Desenhe o que se pede em cada caso.

2 vezes 5 estrelas.	3 vezes 4 círculos.

4. Complete os quadros com as tabuadas.

Adição de parcelas iguais	Multiplicação
2 = 2	1 × 2 = 2
2 + 2 = 4	____ × 2 = 4
2 + 2 + 2 = ____	____ × 2 = ____
2 + 2 + 2 + 2 = ____	____ × 2 = ____
2 + 2 + 2 + 2 + 2 = ____	____ × 2 = ____
2 + 2 + 2 + 2 + 2 + 2 = ____	____ × 2 = ____
2 + 2 + 2 + 2 + 2 + 2 + 2 = ____	____ × 2 = ____
2 + 2 + 2 + 2 + 2 + 2 + 2 + 2 = ____	____ × 2 = ____
2 + 2 + 2 + 2 + 2 + 2 + 2 + 2 + 2 = ____	____ × 2 = ____
2 + 2 + 2 + 2 + 2 + 2 + 2 + 2 + 2 + 2 = ____	____ × 2 = ____

Adição de parcelas iguais	Multiplicação
3 = 3	1 × 3 = 3
3 + 3 = 6	____ × 3 = 6
3 + 3 + 3 = ____	____ × 3 = ____
3 + 3 + 3 + 3 = ____	____ × 3 = ____
3 + 3 + 3 + 3 + 3 = ____	____ × 3 = ____
3 + 3 + 3 + 3 + 3 + 3 = ____	____ × 3 = ____
3 + 3 + 3 + 3 + 3 + 3 + 3 = ____	____ × 3 = ____
3 + 3 + 3 + 3 + 3 + 3 + 3 + 3 = ____	____ × 3 = ____
3 + 3 + 3 + 3 + 3 + 3 + 3 + 3 + 3 = ____	____ × 3 = ____
3 + 3 + 3 + 3 + 3 + 3 + 3 + 3 + 3 + 3 = ____	____ × 3 = ____

O **dobro** de uma quantidade corresponde a **2 vezes** essa quantidade.

O dobro de 3 é 6, pois 2 × 3 = 6.

5. Matheus colocou suas bolinhas de gude no bolso, mas perdeu algumas pelo caminho. Observe a quantidade de bolinhas que ele tinha ao chegar em casa.

SHUTTERSTOCK

a) No início, Matheus tinha o dobro de bolinhas. Quantas bolinhas ele tinha? Desenhe.

b) Quantas bolinhas ele perdeu?

____

6. Complete o quadro com o dobro de cada quantidade.

Quantidade	Dobro
6	
10	
15	
20	
50	

7. Toda vez que visita a avó, Kimi faz 4 bichinhos de origami como estes das fotografias.

SHUTTERSTOCK

Depois de visitar 3 vezes a avó, Kimi vai ter o **triplo** de bichinhos. Quantos bichinhos Kimi terá feito?

a) Represente com desenhos, bolinhas ou tracinhos, a quantidade de bichinhos de origami que Kimi vai ter.

b) Complete as operações que representam a situação.

______ + ______ + ______ = ______

______ × ______ = ______

> **Triplo** significa **3 vezes**. Então, 3 × 2 = 6.

8. Complete o quadro com o triplo de cada quantidade.

Quantidade	Triplo
3	
10	
20	
30	
100	

9. Siga o exemplo.

O dobro de 1 é 2. → $2 \times 1 = 2$

O dobro de 2 é ______. → 2 × ______ = ______

O dobro de 3 é ______. → 2 × ______ = ______

O dobro de 4 é ______. → ______ × ______ = ______

O dobro de 5 é ______. → ______ × ______ = ______

O triplo de 1 é 3. → $3 \times 1 = 3$

O triplo de 2 é ______. → 3 × ______ = ______

O triplo de 3 é ______. → 3 × ______ = ______

O triplo de 4 é ______. → ______ × ______ = ______

O triplo de 5 é ______. → ______ × ______ = ______

10. Complete as frases a seguir.

a) O dobro de 15 é ______.

b) O dobro de 12 é ______.

c) O triplo de 21 é ______.

d) O triplo de 8 é ______.

Espaço para cálculos:

11. Amanda levou 16 biscoitos para a escola. Na hora do lanche, ela pretende dividir igualmente os biscoitos com Lucas.

SHUTTERSTOCK

a) Desenhe a quantidade de biscoitos que cada um vai ter para comer no lanche.

Amanda	Lucas

b) Cada um ficou com a metade dos biscoitos. Qual é a metade de 16 biscoitos?

____

Para obtermos a **metade** de uma quantidade, basta dividi-la em **duas partes iguais**.

12. Complete o quadro com a metade de cada quantidade.

Quantidade	Metade
16	
20	
50	
80	
100	

13. Juan, Pedro e Lucas ganharam 9 brigadeiros para dividir igualmente entre eles.

SHUTTERSTOCK/ EDITORIA DE ARTE

a) Quantos brigadeiros cada um vai receber? Desenhe.

Juan	Pedro	Lucas

b) Cada um ficou com a terça parte dos brigadeiros. Complete.

A terça parte de 9 é ______.

> Para obtermos a **terça parte** de uma quantidade, basta dividi-la igualmente por 3.

14. Complete o quadro com a terça parte de cada quantidade.

Quantidade	Terça parte
9	
15	
21	
75	
300	

15. Clara ganhou 2 pacotes com 12 biscoitos cada um. Quantos biscoitos ela ganhou?

SHUTTERSTOCK/ MARIANA TIEMI

a) Qual é o assunto do problema?

____

b) Circule os números que aparecem no problema.

c) Sublinhe o trecho no qual está a pergunta do problema.

d) Faça um desenho representando a situação.

e) Qual dos termos está relacionado com a resposta do problema?

☐ Triplo ☐ Dobro ☐ Metade ☐ Terça parte

f) Marque um **X** na operação correta para resolver essa situação.

☐ 12 + 4 ☐ 2 × 12 ☐ 4 + 4 + 4

g) Escreva sua resposta.

____

16. Resolva os problemas a seguir.

a) No campeonato de natação, Bianca e Gabriela receberam 3 medalhas cada uma. Quantas medalhas as duas receberam ao todo? ______________________

b) A professora de Luan guarda os lápis coloridos em potinhos. Ela tem 4 potinhos, e em cada um deles há 5 lápis. Quantos lápis a professora guarda? ______________

c) Todos os dias, durante 4 semanas, Pedro saiu para correr logo pela manhã. Quantos dias seguidos Pedro correu? ________

DIÁRIO DE BORDO

Nessas atividades, você aprendeu que:

- a adição de parcelas iguais corresponde à multiplicação;
- o dobro corresponde a 2 vezes, e o triplo corresponde a 3 vezes;
- a metade e a terça parte estão relacionadas à divisão por 2 e por 3.

SEQUÊNCIA 9

SISTEMA MONETÁRIO BRASILEIRO

VAMOS COMEÇAR!

Helena comprou um *tablet* para dar de presente à mãe. Ela fez o pagamento em dinheiro e recebeu de troco uma cédula de 10 reais.

ILUSTRA CARTOON

a) Qual foi o valor pago pelo *tablet*?

b) Quanto ela entregou à vendedora para pagar o *tablet*?

c) Que cédulas ela pode ter reunido para compor esse valor?

VAMOS ENTENDER!

1. Escreva quantos reais estão representados em cada item.

a) 

SHUTTERSTOCK

____

b) 

NOTAS: CASA DA MOEDA

____

c) 

SHUTTERSTOCK

____

d) 

____

2. Para cada caso, desenhe cédulas para completar 100 reais.

a) 

b) 

3. Veja a quantia que Nícolas economizou.

FOTOS: CASA DA MOEDA

SHUTTERSTOCK

a) Quanto Nícolas economizou?

____

b) Nícolas tem todas as cédulas do Sistema Monetário Brasileiro? Se falta alguma cédula, qual seria?

____

4. Lúcia está guardando uma moeda de cada valor. Observe as moedas que ela tem.

SHUTTERSTOCK

SHUTTERSTOCK

Quais são as moedas que faltam para Lúcia completar a coleção? Complete o desenho.

O símbolo **R$** é utilizado para indicar valores em **Real**.

R$ 200,00 ou 200 reais

5. Complete o quadro, conforme exemplo.

Representação	Quantia	Como se lê
	R$ 35	Trinta e cinco reais.
 SHUTTERSTOCK		

FOTOS: CASA DA MOEDA

6. Quantos reais tem em cada grupo?

a)

_____ reais.

b)

FOTOS: SHUTTERSTOCK

_____ reais.

c)

_____ reais.

d)

_____ real.

7. Lorena comprou um lanche por 7 reais e 40 centavos e um suco por 4 reais e 60 centavos.

SHUTTERSTOCK

a) Quanto Lorena pagou pela compra que fez?

b) Lorena pagou o valor exato usando apenas cédulas. Que cédulas ela pode ter usado?

_____

_____

100 centavos equivalem a **1 real**.

FOTOS: SHUTTERSTOCK

100 centavos   1 real

8. Para repor o material escolar de Enzo, o pai dele foi a três papelarias para pesquisar os preços. Veja o que ele descobriu.

Papelaria Luz do Sol
Cola: 6 reais e 40 centavos
Lápis de cor: 10 reais e 90 centavos
Tinta guache: 13 reais e 30 centavos

Papelaria Escrevedor
Cola: 8 reais e 20 centavos
Lápis de cor: 8 reais e 50 centavos
Tinta guache: 12 reais e 80 centavos

Papelaria Aquarelices
Cola: 9 reais e 20 centavos
Lápis de cor: 7 reais e 70 centavos
Tinta guache: 14 reais e 50 centavos

a) Em qual papelaria a cola é mais barata? Faça um **X**.

- ☐ Papelaria Luz do Sol.
- ☐ Papelaria Escrevedor.
- ☐ Papelaria Aquarelices.

b) Em qual papelaria a tinta guache é mais cara? Faça um **X**.

- ☐ Papelaria Luz do Sol.
- ☐ Papelaria Escrevedor.
- ☐ Papelaria Aquarelices.

c) Se o pai de Enzo comprar os três itens na mesma papelaria, em qual delas vai pagar menos? Para descobrir, calcule o custo em cada papelaria.

- Papelaria Luz do Sol:
- Papelaria Escrevedor:
- Papelaria Aquarelices:

d) Qual é o nome da papelaria em que o pai de Enzo vai pagar menos? ______________________________

e) Das cédulas representadas a seguir, qual delas pode ser usada para pagar a compra?

( )

( )

( )

CASA DA MOEDA

f) Vamos supor que o pai de Enzo decidiu comprar todos os itens na papelaria em que vai pagar menos. Se ele utilizar uma cédula de 100 reais para fazer o pagamento, qual será o troco dele?

Resposta: O pai de Enzo vai receber ______ reais e ______ centavos de troco.

DIÁRIO DE BORDO

Nessas atividades, você aprendeu que:

- o dinheiro brasileiro é chamado de **Real** (símbolo R$);
- os valores podem ser compostos de diferentes cédulas e moedas;
- 100 centavos correspondem a 1 real.

SEQUÊNCIA 10 MEDIDAS DE TEMPO

VAMOS COMEÇAR!

1. No dia 3 de outubro, Ian marcou, no calendário, o dia de sua festa de aniversário.

ILUSTRA CARTOON

a) Qual é o dia de aniversário do Ian?

b) Em que dia Ian está fazendo a marcação?

c) Quantos dias faltam para o aniversário de Ian?

2. Observe o convite que Ian está entregando a seus amigos.

Espero você para comemorar
meu aniversário comigo.
Data: _____ / __________
Horário: das 16 horas às 19 horas

SHUTTERSTOCK

a) Na atividade anterior, você descobriu a data da festa de aniversário do Ian. Complete o convite.

b) Quanto tempo vai durar a festa de Ian? __________

VAMOS ENTENDER!

1. Marque, no calendário, o dia de seu aniversário.

2023 CALENDÁRIO

SHUTTERSTOCK

JANEIRO

D	S	T	Q	Q	S	S
1	2	3	4	5	6	7
8	9	10	11	12	13	14
15	16	17	18	19	20	21
22	23	24	25	26	27	28
29	30	31				

FEVEREIRO

D	S	T	Q	Q	S	S
			1	2	3	4
5	6	7	8	9	10	11
12	13	14	15	16	17	18
19	20	21	22	23	24	25
26	27	28				

MARÇO

D	S	T	Q	Q	S	S
			1	2	3	4
5	6	7	8	9	10	11
12	13	14	15	16	17	18
19	20	21	22	23	24	25
26	27	28	29	30	31	

ABRIL

D	S	T	Q	Q	S	S
						1
2	3	4	5	6	7	8
9	10	11	12	13	14	15
16	17	18	19	20	21	22
23	24	25	26	27	28	29
30						

MAIO

D	S	T	Q	Q	S	S
	1	2	3	4	5	6
7	8	9	10	11	12	13
14	15	16	17	18	19	20
21	22	23	24	25	26	27
28	29	30	31			

JUNHO

D	S	T	Q	Q	S	S
				1	2	3
4	5	6	7	8	9	10
11	12	13	14	15	16	17
18	19	20	21	22	23	24
25	26	27	28	29	30	

JULHO

D	S	T	Q	Q	S	S
						1
2	3	4	5	6	7	8
9	10	11	12	13	14	15
16	17	18	19	20	21	22
23	24	25	26	27	28	29
30	31					

AGOSTO

D	S	T	Q	Q	S	S
		1	2	3	4	5
6	7	8	9	10	11	12
13	14	15	16	17	18	19
20	21	22	23	24	25	26
27	28	29	30	31		

SETEMBRO

D	S	T	Q	Q	S	S
					1	2
3	4	5	6	7	8	9
10	11	12	13	14	15	16
17	18	19	20	21	22	23
24	25	26	27	28	29	30

OUTUBRO

D	S	T	Q	Q	S	S
1	2	3	4	5	6	7
8	9	10	11	12	13	14
15	16	17	18	19	20	21
22	23	24	25	26	27	28
29	30	31				

NOVEMBRO

D	S	T	Q	Q	S	S
			1	2	3	4
5	6	7	8	9	10	11
12	13	14	15	16	17	18
19	20	21	22	23	24	25
26	27	28	29	30		

DEZEMBRO

D	S	T	Q	Q	S	S
					1	2
3	4	5	6	7	8	9
10	11	12	13	14	15	16
17	18	19	20	21	22	23
24	25	26	27	28	29	30
31						

2. Organize os meses do ano, de acordo com a quantidade de dias.

Mês com 28 ou 29 dias	Meses com 30 dias	Meses com 31 dias

3. Observe o calendário da página anterior e responda.

a) Quantos meses tem um ano? ____________________

b) Qual é o primeiro mês do ano? ____________________

c) Que mês está **entre** os meses de outubro e dezembro?

____

d) Qual é o último mês do ano? ____________________

e) Qual é o terceiro mês do ano? ____________________

f) Qual é o sétimo mês do ano? ____________________

g) Em que dia e mês se comemora o Dia das Crianças? ______

____

h) Em que dia e mês se comemora o aniversário de sua cidade?

____

4. Observe o mês de fevereiro do calendário de 2023 e responda às questões.

Fevereiro 2023

Domingo	Segunda-feira	Terça-feira	Quarta-feira	Quinta-feira	Sexta-feira	Sábado
			1	2	3	4
5	6	7	8	9	10	11
12	13	14	15	16	17	18
19	20	21	22	23	24	25
26	27	28				

a) Quantos dias tem uma semana? ____________

b) Quatro semanas completas têm quantos dias? ____________

c) O aniversário de Letícia vai ser na terceira quarta-feira desse mês.

- Pinte, no calendário, o dia do aniversário dela.

____

- Depois do aniversário dela, quantos dias vão faltar para o final desse mês? ____________

d) Lucas vai viajar no dia 7, pela manhã. Vai voltar no dia 10 desse mês, no final do dia. Quantos dias Lucas estará viajando? ____________

e) Por que os dias 5, 12, 19 e 26 estão destacados em outra cor? ____________

f) Escreva os dias que caem na terça-feira, em ordem crescente.

____

5. Observe como Isabella organizou sua agenda da semana.

Agosto

Segunda-feira	
6	8h – Natação 13h – Escola

Terça-feira	
7	13h – Escola Levar roupa para Educação Física

Quarta-feira	
8	8h – Natação 13h – Escola

Agosto

Quinta-feira	
9	10h – Aula de Inglês 13h – Escola Aula de pintura

Sexta-feira	
10	13h – Escola

Sábado		Domingo	
11	Passeio no zoológico	**12**	Almoço na casa da vovó Helena

a) Quantas vezes por semana Isabella faz aulas de natação?

____

b) Se a aula de natação tem duração de 1 hora, a que horas ela termina? Quanto tempo ela ainda tem para se preparar para o início das aulas na escola? ______________________________

c) Na parte da manhã, que outra atividade Isabella tem durante a semana? Em que dia da semana? ______________________________

d) A aula de Inglês também tem 1 hora de duração. Quanto tempo Isabella tem entre o final da aula de Inglês e o horário de entrar na escola? ______________________________

e) Qual é seu horário de entrada na escola? ______________________________

f) Você faz alguma atividade fora da escola? Em que horário e dia da semana? ______________________________

6. Observe, nos relógios, os horários indicados e responda quanto tempo se passa em cada situação.

a) Observe o horário em que Joaquim começou e terminou de tomar banho.

SHUTTERSTOCK/ MARIANA TIEMI

_____ horas e _____ minutos. _____ horas e _____ minutos.

Intervalo de tempo: __________

b) Veja o horário em que Maria Luiza começou e terminou a lição de casa.

_____ horas e _____ minutos. _____ horas e _____ minutos.

Intervalo de tempo: __________

c) Veja o horário em que Júlia e sua mãe saíram de casa e o horário em que chegaram ao zoológico.

_____ horas e _____ minuto. _____ horas e _____ minutos.

Intervalo de tempo: ______________________

7. Veja a rotina de Rafaela na escola.

Início das aulas. Início do intervalo.

Final do intervalo. Horário de saída.

SHUTTERSTOCK/ MARIANA TIEMI

Nas afirmações a seguir, escreva **V**, quando elas forem verdadeiras, e **F**, quando elas forem falsas.

☐ Rafaela estuda no período da manhã.

☐ Quando a aula de Rafaela termina, já é noite.

☐ Rafaela tem meia hora de intervalo todos os dias.

☐ Antes do intervalo, Rafaela passa 3 horas em sala de aula.

☐ A segunda parte das aulas dura 1 hora e meia.

DIÁRIO DE BORDO

Nessas atividades, você aprendeu que:

- calendários são organizados em meses, semanas e dias;
- relógios indicam horas e minutos.

SEQUÊNCIA 11

MEDIDAS DE COMPRIMENTO

VAMOS COMEÇAR!

Lucas e Tiago lançaram o desafio de quem conseguia saltar mais longe. Observe o salto de cada um.

ILUSTRA CARTOON

a) Observando a imagem, quem você acha que saltou a maior distância? Por quê?

b) Lucas, de camiseta amarela, mediu a distância de seu salto colocando um pé na frente do outro ao longo de toda a distância. Ele mediu 5 pés. Tiago, de camiseta vermelha, mediu da mesma maneira e obteve 6 pés. Isso quer dizer que Tiago saltou mais longe do que Lucas?

c) Qual é a melhor maneira de saber a distância do salto de cada um deles?

VAMOS ENTENDER! !!!

1. Faça as medidas de comprimento a seguir.

- Use seu palmo para medir a largura da porta da sala em que você está.

  Anote: ______________ palmos.

- Use seus pés para medir a largura da porta da sala em que você está.

  Anote: ______________ pés.

- Use seus pés para medir a largura da sala em que você está.

  Anote: ______________ pés.

Agora, responda às questões.

a) Qual das medidas foi mais difícil fazer? Por quê?

____

____

b) Peça a um adulto que faça as mesmas medidas que você fez e registre.

- Largura da porta usando o palmo: ______________
- Largura da porta usando os pés: ______________
- Largura da sala usando os pés: ______________

As medidas feitas pelo adulto são iguais às que você fez? Por quê?

____

____

____

____

____

Observe como encontramos, na régua, 1 centímetro e 1 milímetro.

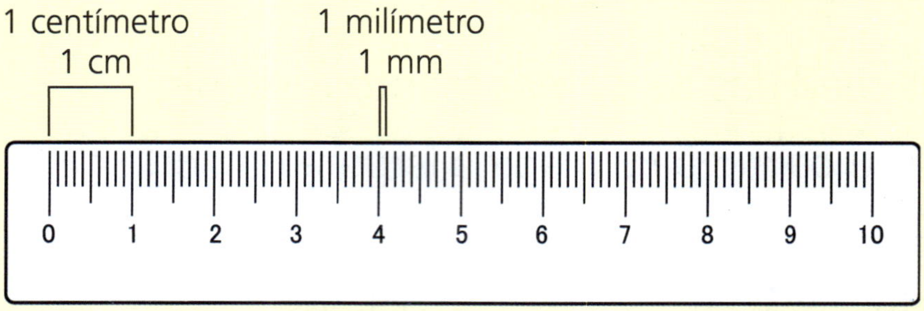

SHUTTERSTOCK/ EDITORIA DE ARTE

Em cada centímetro cabem 10 milímetros.

1 cm = 10 mm

2. Meça as imagens dos objetos a seguir e complete.

a) 

Medida: _____ centímetros e _____ milímetro.

b) 

Medida: _____ centímetros e _____ milímetros.

c) 

Medida: _____ centímetros e _____ milímetro.

d) 

Medida: _____ centímetros e _____ milímetros.

IMAGENS: SHUTTERSTOCK

3. Usando uma régua, meça o comprimento dos lados das figuras a seguir.

a)

______ ______

b)

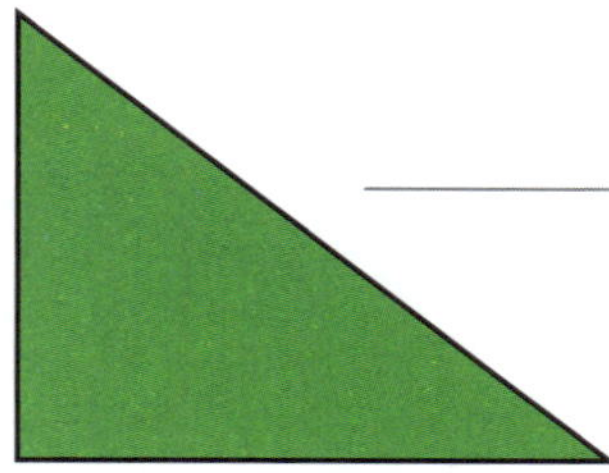

______ ______ ______

c)

______ ______

4. Mauro é engenheiro e precisa saber as medidas de uma sala para fazer o projeto da reforma. Qual dos instrumentos abaixo ele pode utilizar para fazer as medidas da melhor maneira? Faça um **X**.

SHUTTERSTOCK

( )

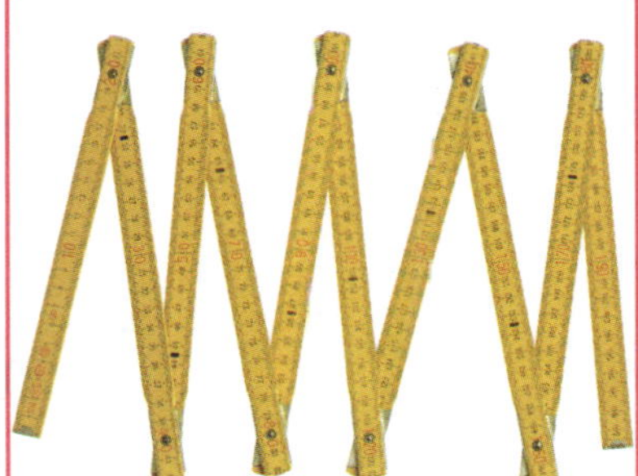

SHUTTERSTOCK

( )

SHUTTERSTOCK

( )

- Seria adequado utilizar uma régua para medir os comprimentos desse ambiente? Por quê?

____

____

5. Qual é sua altura?

Com a ajuda de um adulto, marque em uma parede sua altura. Depois, meça com uma régua ou trena e registre:

__________ metro e __________ centímetros.

6. Assinale a unidade de medida mais adequada para medir o comprimento em cada caso.

a) Comprimento de um trem: ☐ mm ☐ cm ☐ m

b) Comprimento de uma formiga: ☐ mm ☐ cm ☐ m

c) Altura de uma cama: ☐ mm ☐ cm ☐ m

d) Espessura de uma borracha: ☐ mm ☐ cm ☐ m

e) Altura de um prédio: ☐ mm ☐ cm ☐ m

f) Comprimento de uma caneta: ☐ mm ☐ cm ☐ m

g) Comprimento de um grão de arroz: ☐ mm ☐ cm ☐ m

h) Largura de uma sala: ☐ mm ☐ cm ☐ m

i) Comprimento do pé: ☐ mm ☐ cm ☐ m

Em **1 metro** cabem **100 centímetros**.

1 m = 100 cm

7. Em cada item, meça o comprimento dos lados das figuras e indique qual delas tem contorno maior. Faça um **X**.

a)

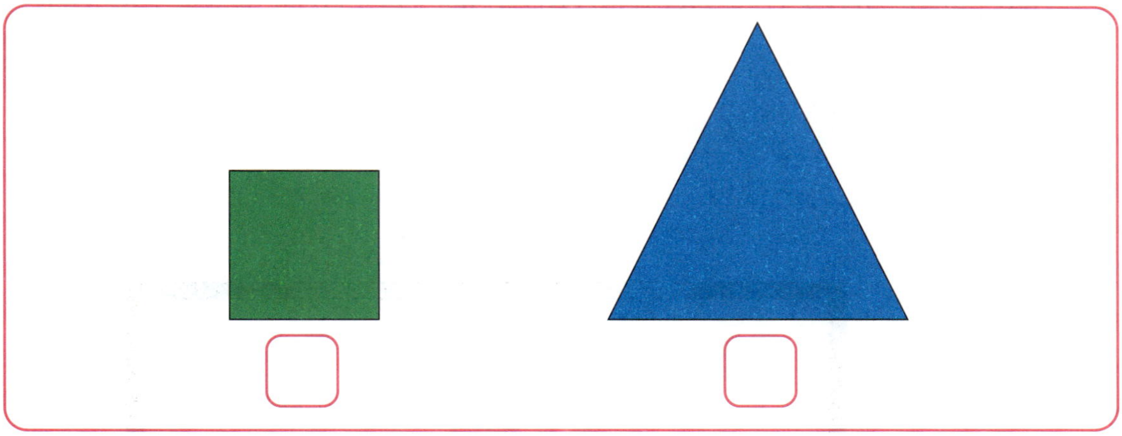

b)

c)

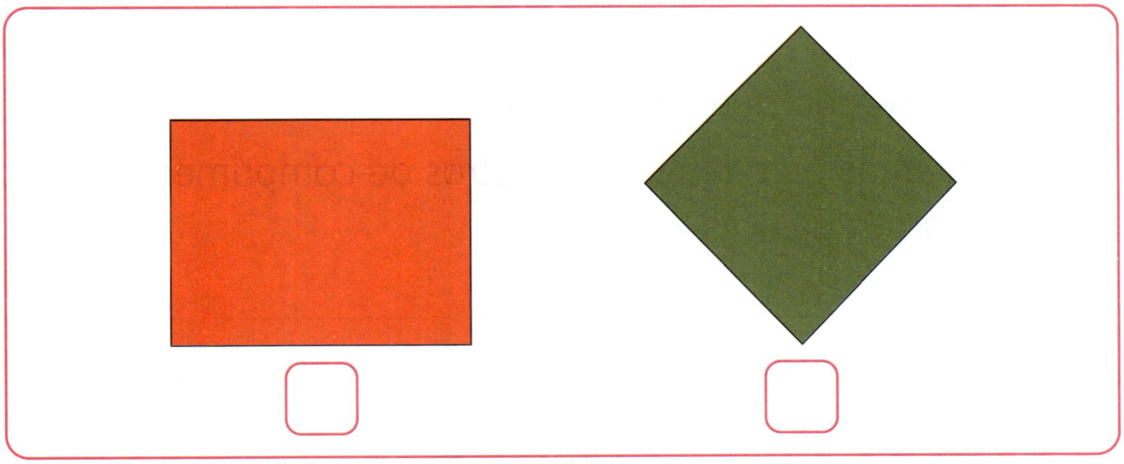

A linha que forma o contorno de uma figura plana é chamada de **perímetro**.

8. O piso do quarto de Lucas tem a forma de um retângulo. Ele mediu o comprimento das paredes de seu quarto para instalar uma fita de luz em todo o contorno. Ele descobriu que a parede da janela mede 4 metros, enquanto a parede em que está o guarda-roupas mede 3 metros.

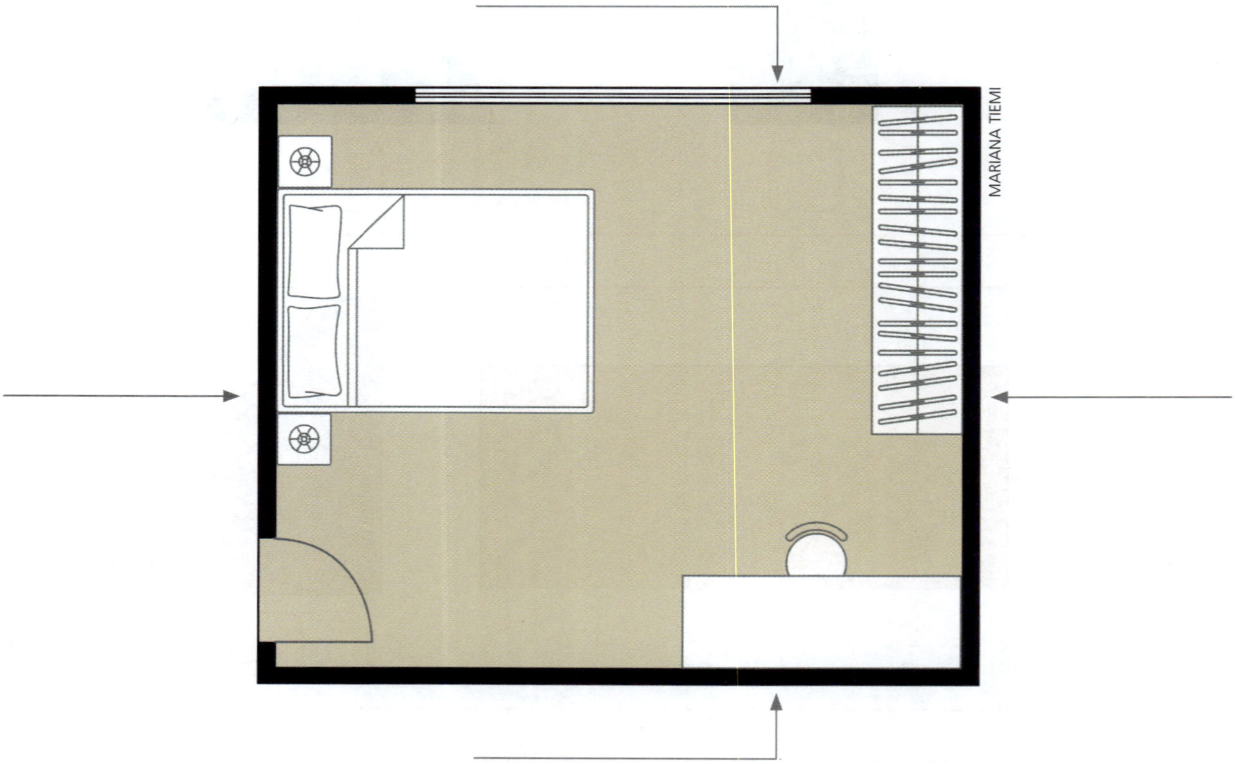

a) Anote, no desenho, o comprimento de cada uma das paredes do quarto de Lucas.

b) Quantas paredes com 4 metros de comprimento tem o quarto de Lucas?

____

c) Qual é o comprimento da parede em que fica a porta?

____

d) Qual é o perímetro do quarto de Lucas? Complete.

________ + ________ + ________ + ________ = ________

e) Quantos metros de fita de luz Lucas precisa comprar?

____

9. Se você fosse decorar seu quarto da mesma maneira que Lucas, quantos metros de fita precisaria? Siga as etapas a seguir e responda.

a) Meça o comprimento de cada uma das paredes com uma fita métrica, posicionando-a na parte inferior da parede, próximo ao chão.

b) Desenhe o contorno de seu quarto visto de cima. Anote no desenho as medidas dos comprimentos das paredes.

c) Calcule o perímetro de seu quarto. ______________________

d) Quantos metros de fita de luz você precisaria comprar para decorar seu quarto? ______________________

DIÁRIO DE BORDO

Nessas atividades, você aprendeu que:

- sem um instrumento de medida padronizado, podemos obter medidas diferentes para um mesmo comprimento;
- o instrumento de medida adequado depende do que se deseja medir;
- 10 milímetros correspondem a 1 centímetro;
- 100 centímetros correspondem a 1 metro;
- perímetro é a medida do contorno de uma figura plana.

SEQUÊNCIA

12 MEDIDAS DE MASSA

VAMOS COMEÇAR!

Larissa foi com a mãe comprar castanhas para uma receita de bolo. Veja quanto de castanhas elas vão levar.

ILUSTRA CARTOON

a) Quanto de castanhas elas vão usar na receita do bolo?

b) Para fazer 2 receitas de bolo, quanto de castanhas vão precisar levar?

c) Que outros ingredientes de uma receita costumam ser medidos pelo peso?

VAMOS ENTENDER!

1. Circule os produtos que precisam ser pesados na hora da compra.

FOTOS: SHUTTERSTOCK

2. Quais dos instrumentos a seguir podem ser usados para medir a massa de objetos? Faça um **X**.

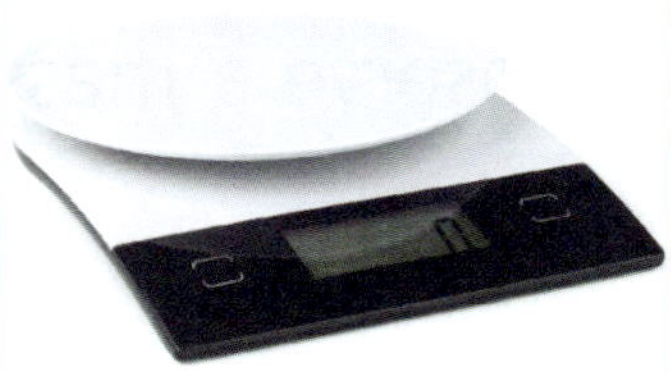

FOTOS: SHUTTERSTOCK

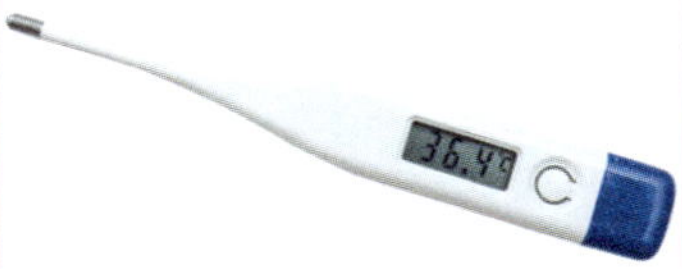

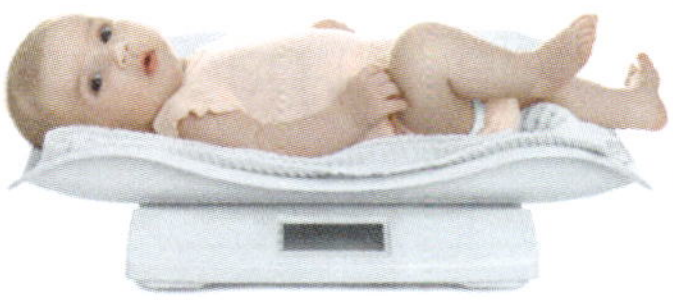

3. Organize os objetos numerando de 1 a 5. Coloque 1 para o mais leve e 5 para o mais pesado.

ILUSTRAÇÕES: SHUTTERSTOCK

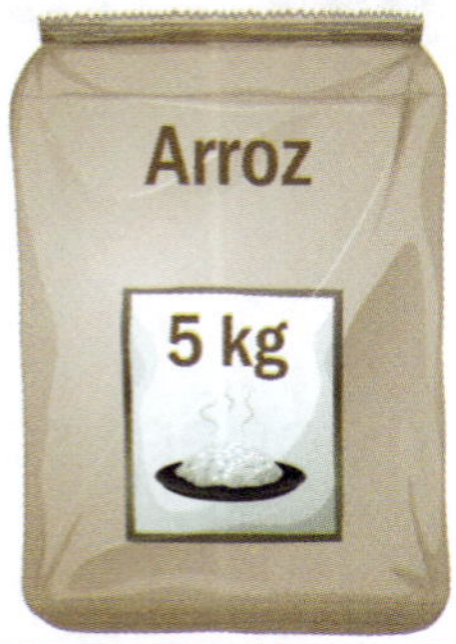

SHUTTERSTOCK/EDITORIA DE ARTE

4. Observe a massa registrada nas embalagens a seguir.

SHUTTERSTOCK/ EDITORIA DE ARTE

a) Qual desses produtos é o mais pesado?

____

b) Qual é a massa total de 10 pacotes de açúcar?

____

c) Quantos pacotes de batata como o da imagem são necessários juntar para conseguir 1 kg?

____

O **grama**, o **miligrama** e o **quilograma** são unidades de **medida de massa**.

1 000 gramas correspondem a 1 quilograma.

1 000 g = 1 kg

5. Complete as frases com a unidade de medida adequada.

a) Para fazer um churrasco, Paulo comprou 6 ________________ ________________ de carne.

b) A receita de um bolo de chocolate leva 500 ________________ de açúcar.

c) Um atleta de levantamento de peso já levantou mais de 400 ________________________ em uma competição.

6. Encontre a massa total de cada grupo de alimentos.

a)

SHUTTERSTOCK/ EDITORIA DE ARTE

________ kg

b)

SHUTTERSTOCK/ EDITORIA DE ARTE

________ kg e ________ g

7. Você sabe o valor de sua massa? Peça ajuda a um adulto para medir quanto você está pesando hoje. Complete.

Eu tenho ______ anos e minha massa é ______ kg e ______ g.

8. De acordo com as informações fornecidas, descubra a massa de cada animal.

190 kg	5 g	2 kg

FOTOS:SHUTTERSTOCK

O leão africano macho vive cerca de 10 anos. Ele chega a ter 3 m de comprimento, da cabeça até a ponta da cauda. É um dos maiores e mais pesados felinos que existem.
(Fonte: **National Geographic**. 1 abr. 2020. Disponível em: http://bit.ly/3OkoRMX. Acesso em: 18 nov. 2022.)

A arara-azul vive até 50 anos, e seu comprimento pode chegar a 1 m. Apesar de grande, seu corpo é leve, e ela consegue voar graciosamente.
(Fonte: **Instituto arara-azul**. Disponível em: http://bit.ly/3V3Ki6M. Acesso em: 18 nov. 2022.)

A lagartixa vive cerca de 5 anos. Ela pode chegar a 7 cm de comprimento, da cabeça até a ponta da cauda. Por serem pequenas e leves, elas conseguem se segurar e andar pelas paredes e pelo teto.
(Fonte: **MundoEcologia**, 13 dez. 2019. Disponível em: http://bit.ly/3XcoRCx. Acesso em: 18 nov. 2022.)

a) Qual é o animal mais pesado? Qual é sua massa?

____

b) Qual é o animal mais leve? Qual é sua massa?

____

c) Que animal tem cerca de 2 kg de massa?

____

9. Letícia tem 26 kg e descobriu que sua mãe pesa o dobro disso. Qual é o peso da mãe de Letícia?

Resposta: ______________________

10. Vilma doou 4 pacotes de 5 kg de arroz para a campanha de arrecadação de alimentos. Quantos quilogramas de arroz ela doou?

Resposta: ______________________

11. A mochila de Júlia está muito pesada, com 6 kg. Seu pai lhe disse que é preciso tirar alguns objetos para que fique com menos da metade desse peso. Que peso a mochila de Júlia pode ter?

Resposta: ______________________

DIÁRIO DE BORDO

Nessas atividades, você aprendeu que:

- grama e quilograma são unidades de medida de massa;
- 1000 g correspondem a 1 kg.

SEQUÊNCIA 13

MEDIDAS DE CAPACIDADE

VAMOS COMEÇAR!

Na escola, Ana e Lucas aprenderam que, na idade deles, é importante beber cerca de 1 litro de água por dia. Veja como eles estão cuidando para tomar a quantidade de água adequada todos os dias.

ILUSTRA CARTOON

a) Quem está bebendo mais água? Por quê?

b) Qual é a quantidade de água que você costuma beber todos os dias?

VAMOS ENTENDER!

1. Leia os ingredientes da receita de bolinho de chuva da avó de Ian.

2 ovos,
1 xícara de açúcar,
1 xícara de leite,
3 xícaras de farinha de trigo,
2 colheres de sopa de fermento,
4 xícaras (1 l) de óleo para fritar,
2 xícaras de açúcar para polvilhar,
1 colher de canela em pó

a) Que ingrediente não está sendo medido pela capacidade de um recipiente?

____

b) Que recipiente tem maior capacidade, a xícara ou a colher?

____

c) Que unidade padronizada aparece na lista de ingredientes? Circule.

A capacidade é a medida do quanto um recipiente consegue guardar.

O **mililitro** e o **litro** são unidades de medida de capacidade.

1000 mililitros correspondem a 1 litro.

1000 mL = 1 L

2. Escreva qual é a unidade de medida adequada para medir a capacidade em cada caso.

a) Um vidro de perfume: _______________.

b) Um garrafão de água: _______________.

c) Os frascos de *shampoo*: _______________.

3. Roberta precisa encher um balde que tem capacidade para 5 litros. Veja os recipientes que ela pode usar para fazer a medição.

SHUTTERSTOCK/MARIANA TIEMI

a) Leia as afirmações a seguir e marque **V** (verdadeira) ou **F** (falsa).

☐ Ela poderia encher uma vez o recipiente de 3 litros e mais 2 vezes o recipiente de 1 litro para despejar no balde.

☐ Ela poderia encher 2 vezes o recipiente de 3 litros e despejar no balde.

☐ Ela poderia encher uma vez o recipiente de 3 litros e o de 1 litro e despejar no balde.

b) Como Roberta poderia colocar 5 litros de água no balde usando apenas um dos recipientes?

____

____

c) Se Roberta fosse encher o balde usando um copo com capacidade de 200 mL, quantas vezes ela precisaria encher o copo até completar 5 litros?

____

d) Se um copo tem capacidade para 250 mL, quantos copos são necessários para encher de água o recipiente de 1 litro?

____

4. Quantos copos como o da imagem serão suficientes para encher uma garrafa de 1 litro?

SHUTTERSTOCK

a) Se em cada copo couber 200 mL, quantos copos serão suficientes? ______ copos.

b) Se fosse usado um copo em que cabem 300 mL, seriam necessários mais ou menos copos para encher a garrafa?

____

5. Compare a capacidade de cada jarra, de acordo com a quantidade de copos que foi necessária para encher cada uma delas.

A

SHUTTERSTOCK/MARIANA TIEMI

B

SHUTTERSTOCK/MARIANA TIEMI

a) Qual das jarras tem maior capacidade? Por quê?

____

b) Se cada copo tem capacidade igual a 200 mL, qual é a capacidade de cada jarra?

- Jarra A: ______________________________
- Jarra B: ______________________________

6. Cada caixinha contém 240 mL de suco. Quantas caixinhas completas podem ser despejadas em uma jarra com capacidade de 1 L, sem derramar?

É possível despejar _______ caixinhas de suco, sem derramar.

7. Isabela abriu uma caixa com 1 L de leite e bebeu um copo. Para guardar o restante do leite, ela pegou uma garrafa com capacidade para 500 mL.

a) Você acha que ela vai conseguir despejar todo o leite nessa garrafa, sem derramar? Por quê?

____

b) Se o copo usado por Isabela tinha capacidade para 300 mL, qual é a quantidade de leite que ainda vai restar na caixinha após encher a garrafa?

Vão restar na caixa ____________ de leite.

DIÁRIO DE BORDO

Nessas atividades, você aprendeu que:

- a **capacidade** é quanto pode caber em um recipiente;
- **mililitro** e **litro** são unidades de medida de capacidade.

SEQUÊNCIA

14 NOÇÕES DE ESTATÍSTICA

VAMOS COMEÇAR!

Os alunos do 2º ano da escola de Lúcia votaram para definir que passeio farão antes do fim de ano.

ILUSTRA CARTOON

	PARQUE DE DIVERSÕES	PARQUE AQUÁTICO
2º ANO A	8	12
2º ANO B	12	8
2º ANO C	9	11
2º ANO D	7	13

a) Quantas opções de destino havia?

b) Quantas turmas participaram da votação?

c) Qual destino foi mais votado?

VAMOS ENTENDER!

1. Durante uma viagem de navio foi feita uma pesquisa para saber a origem dos passageiros. Observe os dados obtidos para homens e para mulheres.

	Homens	Mulheres
Fortaleza	150	110
São Paulo	298	245
Rio de Janeiro	325	312

a) De quantas cidades eram os passageiros?

____

b) Quantos homens eram do Rio de Janeiro?

____

c) Quantas mulheres eram de São Paulo?

____

d) No total, quantas pessoas eram de Fortaleza?

____

e) No total, quantas mulheres embarcaram no navio?

____

f) Participaram da pesquisa:

☐ mais de 900 pessoas. ☐ menos de 900 pessoas.

g) Nessa viagem, qual grupo estava em maior número?

☐ Homens ☐ Mulheres

h) Qual era a diferença do número de mulheres e de homens?

____

2. Algumas crianças foram entrevistadas pelo repórter do *Jornal das Seis* sobre o que elas gostavam de fazer no tempo livre. Observe o que as crianças responderam.

ILUSTRA CARTOON

Pesquisa do *Jornal das Seis*		
Nome	**Idade**	**O que mais gosta de fazer no tempo livre?**
Ana	7 anos	Estar com a família.
Bianca	8 anos	Estar com a família.
Carlos	8 anos	Jogar *videogame*.
Dora	7 anos	Ler gibis.
Fernando	7 anos	Ir para a casa da avó.
Gustavo	9 anos	Fazer palavras cruzadas.
Joana	7 anos	Estar com a família.
Letícia	8 anos	Estar com a família.
Marcelo	9 anos	Jogar *videogame*.
Otávio	7 anos	Estar com a família.
Patrícia	7 anos	Ir para a casa dos avós.
Renata	8 anos	Ler gibis.
Sílvio	9 anos	Estar com a família.
Enzo	8 anos	Fazer palavras cruzadas.
Luiza	9 anos	Estar com a família.

Fonte: *Jornal das Seis*.

a) Marque um **X** nas informações que podem ser obtidas a partir dessa tabela.

- [ ] As preferências das crianças.
- [ ] O que os adultos gostam de fazer no tempo livre.
- [ ] Quantos preferem não fazer nada no tempo livre.
- [ ] Qual passatempo foi o menos falado na pesquisa.

b) Quantas crianças participaram da pesquisa?

____

c) Que resposta se repetiu mais vezes na pesquisa?

____

d) Complete a tabela a seguir anotando a quantidade de crianças, de acordo com os resultados da pesquisa.

	7 anos	8 anos	9 anos
Estar com a família			
Jogar *videogame*			
Ler gibis			
Ir para a casa dos avós			
Fazer palavras cruzadas			

e) Faça uma pesquisa em sua turma para descobrir qual passatempo preferem: estar com a família, jogar *videogame* ou ler gibis. Organize os dados em uma lista.

____

____

3. Léo e seus irmãos colecionam carrinhos. Observe como Léo registrou a quantidade de carrinhos que ele e os irmãos já têm.

	Beto	Davi	Léo
	||	⧅	|
	|	⧅ |	⧅
	⧅	□	||

SHUTTERSTOCK

a) Registre no gráfico a quantidade de carrinhos que os irmãos têm pintando um quadradinho para cada carrinho de cada tipo.

CARRINHOS DE LÉO E SEUS IRMÃOS

Tipos de carrinho

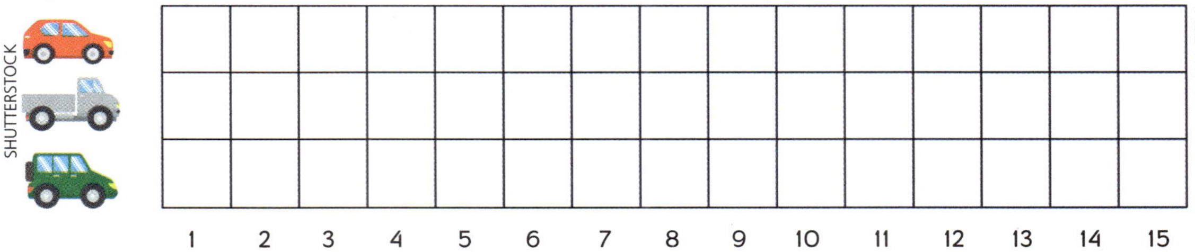

Quantidade

b) Qual é o tipo de carrinho que os irmãos têm mais?

☐  ☐  ☐ 

c) Quantos carrinhos, no total, Léo e seus irmãos têm?

____

d) Pesquise entre seus colegas de turma quem tem alguma coleção e qual é a coleção. Organize as informações que descobrir em uma folha de caderno.

4. Na sala de aula de Lina, há uma estante com livros. Os alunos organizaram e contaram os livros. Observe quantos livros há de cada categoria.

LIVROS DA SALA DE LINA

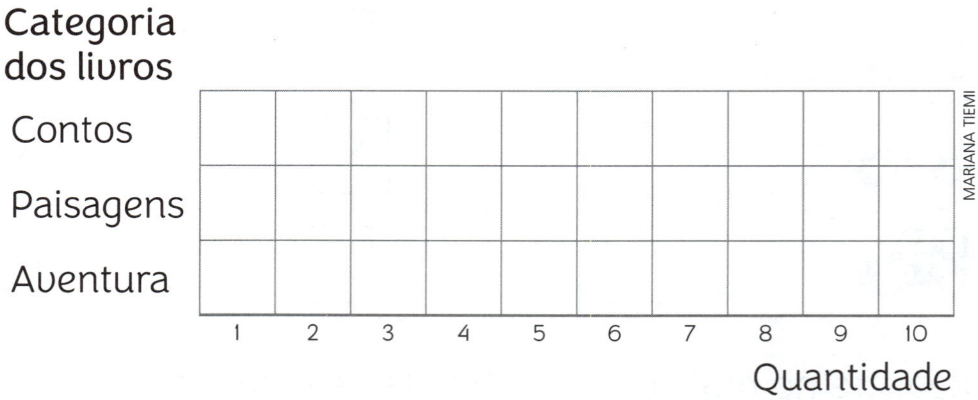

Fonte: Turma de Lina.

a) Complete a tabela com a quantidade de livros de cada categoria.

LIVROS DA SALA DE LINA

Categoria	Quantidade

Fonte: Turma de Lina.

b) Há mais livros de que categoria?

____

c) Quantos livros há na estante, no total?

____

d) Pesquise qual é a categoria de livros preferida entre seus colegas de turma. Qual é a categoria mais votada?

____

5. Escolha um grupo de pessoas e faça uma pesquisa sobre que sobremesa preferem: bolo, gelatina ou salada de frutas.

a) Qual é o grupo participante da pesquisa?

b) Complete com a quantidade de pessoas que escolheram cada uma das sobremesas.

Sobremesa	Quantidade
Bolo	
Pudim	
Sorvete	

c) Pinte um quadradinho para a resposta de cada colega e construa um gráfico.

DIÁRIO DE BORDO

Nessas atividades, você aprendeu que:

- informações podem ser organizadas em tabelas e gráficos;
- algumas pesquisas podem ser feitas definindo opções de respostas.

SEQUÊNCIA 15

NOÇÕES DE PROBABILIDADE

VAMOS COMEÇAR!

Veja o que a avó de Manoela está dizendo a ela.

ILUSTRA CARTOON

a) Por que a avó de Manoela acha que vai chover?

b) Chove toda vez em que há nuvens no céu?

c) A avó de Manoela pode mesmo ter certeza de que vai chover?

VAMOS ENTENDER!

1. Sara e Miguel estão brincando com um jogo de tabuleiro e a cada rodada jogam um dado para saber quantas casas vão andar com os piões.

SHUTTERSTOCK

a) Miguel acabou de jogar o dado. É possível que ele tire 6?

☐ Não. ☐ Sim.

b) Sara vai jogar em seguida. É possível que ela tire 7?

☐ Não. ☐ Sim.

c) Miguel disse que vai tirar 6 em todas as jogadas. É possível que ele consiga?

☐ É impossível que ele tire 6 em todas as jogadas.

☐ É improvável que ele tire 6 em todas as jogadas.

☐ Com certeza ele vai tirar 6 em todas as jogadas.

Um acontecimento é **provável** quando existe uma chance de ele acontecer, mas não temos certeza.

Um acontecimento é **improvável** quando há uma possibilidade de ele acontecer, mas as chances são muito pequenas.

2. O pai de Ana e Pedro fez 10 pastéis para o piquenique da família, mas colocou azeitona em apenas uma. Ana comeu 2 pastéis, e Pedro comeu 1.

SHUTTERSTOCK/EDITORIA DE ARTE

a) Será que tanto Ana como Pedro comeram pastel com azeitona?

☐ É improvável. ☐ É muito provável. ☐ É impossível.

b) Será que Ana comeu pastel com azeitona?

☐ É improvável. ☐ É muito provável. ☐ É impossível.

c) Será que Pedro comeu pastel sem azeitona?

☐ É improvável. ☐ É muito provável. ☐ É impossível.

3. Valéria vende picolés na praça. Para terminar o dia, ela sempre faz uma promoção. Hoje, quem pegar um picolé do carrinho sem escolher paga metade do preço. Ela ainda tem no carrinho 10 picolés de limão e 2 picolés de uva.

SHUTTERSTOCK

a) Qual sabor de picolé é mais provável pegar no carrinho sem escolher?

____

b) Qual sabor de picolé é menos provável pegar?

____

4. A coleção de pedrinhas brilhantes de Arthur tem 10 pedrinhas pretas, 4 pedrinhas verdes e apenas uma pedrinha azul. Ele guarda as pedrinhas em um saquinho.

a) Desenhe as pedrinhas que Arthur tem.

b) Sem olhar, Arthur tirou uma pedrinha do saquinho. Responda às perguntas fazendo um **X** na resposta correta.

- Ele pode ter tirado uma pedrinha preta?
  - [ ] É pouco provável.
  - [ ] É muito provável.
  - [ ] É impossível.
- Ele pode ter tirado uma pedrinha azul?
  - [ ] É pouco provável.
  - [ ] É muito provável.
  - [ ] É impossível.
- Ele pode ter tirado uma pedrinha marrom?
  - [ ] É pouco provável.
  - [ ] É muito provável.
  - [ ] É impossível.

5. A professora está marcando as alturas dos alunos do 2º ano na parede.

a) Podem existir 2 alunos com a mesma altura?

- [ ] Com certeza existem.
- [ ] É provável que existam.
- [ ] É impossível que existam.

b) Será que todos os alunos têm a mesma altura?

- [ ] Com certeza.
- [ ] É improvável.
- [ ] É impossível.

DIÁRIO DE BORDO

Nessas atividades, você aprendeu que:

- eventos podem ser classificados como **pouco prováveis**, **muito prováveis**, **improváveis** ou **impossíveis**.

MOEDAS

CASA DA MOEDA

CÉDULAS

CASA DA MOEDA